Petra Milde

99x

GIN

Die besten
Wacholder-
brände aus
aller Welt

CHRISTIAN

Inhalt

Deutschland

Frankreich

Finnland

Island

Schweden

Vereinigte Staaten von Amerika

Kanada

Kolumbien

Peru

Vorwort

»99 verschiedene Gins für ein Buch finden? Unmöglich!« Das wäre wohl noch vor wenigen Jahren meine spontane Reaktion auf die Anfrage nach diesem Projekt gewesen. Doch die explosionsartige Entwicklung des Ginangebotes in der letzten Zeit stellte mich jetzt im Gegenteil vor die herausfordernde Aufgabe »nur« 99 Gins auszuwählen, die ich Ihnen in diesem Buch vorstellen möchte.

Längst haben Wacholderbrände nicht nur rund um die Welt begeisterte Freunde gewonnen, sie werden mittlerweile auch in fast jedem Land hergestellt. Gin ist »in«, aber bei weitem nicht nur eine Modeerscheinung. Das Platzen der imaginären Ginblase wird seit einiger Zeit bereits von so manchem selbst ernannten Spirituosenpropheten vorhergesagt, aber noch ist kein Ende der Ginbegeisterung in Sicht. Noch immer machen sich ambitionierte Brenner daran, ihre Vorstellung von einem perfekten Gin umzusetzen, noch immer kann man regelmäßig von neu erschienenen Gins lesen. Kann man in diesem breiten Angebot überhaupt den Überblick behalten und »die besten Gins« herausfiltern? Keine Ahnung, wohl kaum – aber ist das eigentlich wichtig? Der beste Gin ist doch immer der, der mir schmeckt. Gerade jetzt. Gerade in diesem Cocktail. Gerade mit diesem Tonic. Und gerade in dieser Stimmung.

Versuchen Sie am besten gar nicht erst, *alle* Gins probieren zu wollen und zu vergleichen. Sie haben einen oder zwei Gins gefunden, die Ihnen schmecken und mit denen Sie zu Hause super zurechtkommen? Wunderbar! Aber bleiben Sie trotzdem neugierig. Probieren Sie mal den, mal einen anderen. Das aromatische Angebot ist mittlerweile so breit, dass man immer wieder überrascht und fasziniert ist, was alles möglich ist – ich bin es jedenfalls. Vielleicht haben Sie dann morgen einen neuen Favoriten?

Einen kleinen Einblick in die bunte Welt des Gins und seiner Brenner möchte ich Ihnen mit meiner Auswahl verschaffen. Es sind trockene Gins dabei und süße. Starke Wacholderbrände, frische Fruchtbomben und weiche Gaumenschmeichler. Erschwingliche Gins für den Gin & Tonic auf der Sommerparty und Gins, die man sich einmal als Highlight gönnt. Ich wünsche viel Spaß bei der Entdeckungsreise und sage

Cheers! Ihre

01 Ableforth's Bathtub Gin – aus der Wanne in die Flasche

Seltsam mag die Flasche im Packpapier mit der Aufschrift »Bathtub Gin« manchem Ginneuling vorkommen. Doch der »Badewannen-Gin« hat einen wichtigen Platz in der Geschichte – und auch in den Ginregalen.

Man muss kein verrückter Professor sein, um sich der Ginherstellung in einer Badewanne zu widmen. Zur Zeit der amerikanischen Prohibition griffen viele zur heimlichen Do-it-yourself-Methode, um sich mit einem Drink zu versorgen. In Gefäßen wie großen Schüsseln oder Wannen wurde billiger Alkohol, auf dem Schwarzmarkt besorgt, mit Gewürzen, Kräutern und Beeren versetzt, damit er Aroma erhielt. Eine Brennblase stand nicht zur Verfügung, also wurde auf diesen Herstellungsschritt einfach verzichtet und der durchgesiebte Kaltansatz als Ginersatz getrunken. Der »Badewannengin« von Professor Ableforth basiert auf hochwertigem, in kleinen Brennblasen selbst hergestellten Neutralalkohol, benutzt aber ähnlich wie damals ein Kaltauszug-verfahren. Der Professor hat eine spezielle Cold-Compounding-Anlage entwickelt und kann damit bei niedrigen Temperaturen die Aromen aus den Botanicals locken. Er hat sich für seinen Gin für ausgewogene Wacholder- und Zitrusaromen entschieden. Alles zusammen sorgt für große Aromaintensität. Dann ist da wahrnehmbarer Zimt und auch Gewürznelke und Kardamom schwingen mit. Man könnte fast ein wenig meinen, das »Bad« hätte in der Vorweihnachtszeit stattgefunden.

www.ableforths.com

Bloom London Dry Gin –
zarte Frühlingstage locken

England kann auch ganz anders, das signalisiert uns der Bloom Gin. Nicht nur klassisch wacholdrig und sehr würzig, sondern auch leicht und floral. Die große und zu den Marktführern Englands gehörende Brennerei Greenall's wagt es auch, andere als die klassischen Ginwege zu beschreiten. Das zeigt ihr Bloom London Dry Gin sehr überzeugend. Joanne More, ihres Zeichens Master Distiller bei Grenall's, hat diesem Gin einen weichen, fast öligen und ungemein floralen Charakter verpasst. Auch wenn Wacholder wahrnehmbar ist und den aromatischen Reigen von insgesamt sieben Botanicals am Gaumen eröffnet, so übernehmen schnell Kamille, Pomelo und Geißblatt die Regie. Harmonisch ergänzen sie sich und spielen im Mund miteinander ein zartes Terzett. Auch die künstlerisch gestaltete Flasche spiegelt diesen blumigen Charakter sehr schön wider. More wollte die ersten Frühlingstage auf einem englischen Landgut im Gin einfangen, heißt es. Da bekommt man doch sofort Lust auf eine Landpartie …

www.bloomgin.com

Reife Pomelos warten auf die Ernte. Im Bloom Gin spielen sie eine wichtige und fruchtige Rolle.

Beefeater 24 – ein echter Londoner

Als Variation eines absoluten Klassikers unter den Gins fehlt der Beefeater 24 wohl in kaum einer Bar. Er ist ein weicher London Dry Gin, der sowohl pur als auch als Grundlage für viele Cocktails punkten kann.

Rund um die Welt ist die Marke Beefeater seit Jahrzehnten bekannt. Seit 2008 gibt es auch eine Premiumversion des englischen Gins. Mit 45 Vol.-% Alkoholgehalt hat der Beefeater 24 zwar 2 Vol.-% weniger zu bieten als sein älterer Bruder ohne den Zusatz »24« im Namen, präsentiert aber eine größere Aromenvielfalt und tritt etwas weicher und öliger, also »mundschmeichelnder« auf.

Die Zahl 24 im Namen dieses Beefeater-Gins steht nicht, wie man durchaus vermuten könnte, für 24 verwendete Botanicals, sondern für 24 Stunden Mazerationszeit der verwendeten Kräuter und Früchte. Dabei kommen zusätzlich zu Wacholder Angelikawurzeln und -saat, Koriandersamen, Liliensamen, Mandeln, Süßholz, Schalen von Sevilla-Orangen und Zitronenschalen, die bereits den klassischen Beefeater Gin prägen, bei dieser Version auch Grapefruitschale, chinesischer Grüntee und japanischer Sencha-Tee zum aromatisierenden Einsatz. So bietet der von Wacholder- und Zitrusaromen getragene Beefeater 24 auch würzige, süße Beinoten, die ihn aromatisch abrunden und weicher erscheinen lassen als den klassischen Beefeater.

> ▶ **2 Teile Beefeater 24, 1 Teil roter Vermouth, 1 Teil kalt gebrühter Oolongtee ins Cocktailglas, dekoriert mit Orangenzeste – fertig ist ein Oolongtee-Martini!**

Übrigens: Auch wenn die Ginkategorie »London Gin« die Herstellungsart definiert und keine Herkunftsbezeichnung ist, trifft sie beim Beefeater 24 auch in dieser Hinsicht zu: Er wird als einer der wenigen London Dry Gins tatsächlich in der englischen Hauptstadt hergestellt. Wer also einmal einen London-Trip macht, könnte als Highlight eine Besichtigung der Beefeater Destillerie im Stadtteil Kennington einplanen.

www.beefeatergin.com

Die hohen Brennblasen der Beefeater-Destillerie in London bieten ein imposantes Bild.

Die neue Bombay-Sapphire-Brennerei: Modernes Design trifft auf historische Gebäude.

Bombay Sapphire –
Edelstein unter den Gins

Der Reiz des Exotischen verbunden mit englischer Destillierkunst: Der Bombay Sapphire überzeugt mit seiner Weichheit und mit einer genialen Verbindung von Zitrus- und Würzaromen und verhaltener Wacholdernote.

Als der Bombay Sapphire 1987 auf den Markt kam, war Gin einfach ein Getränk unter vielen. Es gab klassische Gins auf dem Markt, und deren Liebhaber frönten ihrer Leidenschaft mit Genuss, keine Frage. Doch von einem Modegetränk konnte damals keine Rede sein. Gins wie der Bombay Sapphire waren es, denen es gelang, die Aufmerksamkeit eines breiteren Publikums zu gewinnen – und ihre Begeisterung! Gins, die sich weicher zeigten, bei denen eine übermächtige Wacholdernote zugunsten von Zitrusaromen und anderen würzigen Ausprägungen etwas in den Hintergrund traten, kamen an. Dabei ist die Rezeptur des Bombay Sapphire keine absolute Neuentwicklung. Man hat einen Gin wieder aufleben lassen, der Ende des 18. Jahrhunderts in England produziert wurde. Es war eine Zeit, als England als mächtige Kolonialmacht Gewürze aus aller Welt importierte. Für den Bombay Sapphire werden zehn Botanicals zusammengetragen: Wacholderbeeren, Angelika- und Iriswurzeln aus Italien, Bittermandeln und Zitronenschalen aus Spanien, marokkanische Koriandersamen, Süßholzwurzeln aus China, Kassiarinde aus Indonesien und Kubebenpfeffer und Paradieskörner aus Westafrika. Die Aromen werden den Gewürzen bei der Herstellung aber nicht durch Mazeration, also dem direkten Einweichen im Alkohol, entzogen, sondern durch Dampfinfusion. Dabei lagern sie während des Destillationsvorganges auf Sieben oberhalb des Brennkessels und werden von den aufsteigenden Alkoholdämpfen durchdrungen. Fruchtige Zitrusaromen, sanfte Noten von Koriander, eine angenehme Pfeffrigkeit und eine präsente, aber zurückhaltende Wacholdernote charakterisieren den Bombay Sapphire.

Kaum eine Ginflasche hat wohl einen so hohen Wiedererkennungswert wie die blaue, eckige Flasche. Sie ist als Markenzeichen geschützt.

www.bombaysapphire.com

Brockmans – süßer Beeren-korb in der Flasche

Sobald die Brockmans Flasche geöffnet wird, gibt sie den Charakter ihres Inhaltes preis: Süße Beerendüfte verbreiten sich. Brombeeren und Blaubeeren charakterisieren diesen Gin mehr als es der Wacholder tut, mehr als Koriander und Orangenschalen. Was die Nase sofort einfängt, erlebt auch der Gaumen beim ersten Schluck des Brockmans Gins: Fruchtige Präsenz und süße Weichheit. Im Mund kommen weitere Aromen deutlicher zur Geltung als in der Nase. Da kann der Wacholder seinen Status als wichtigstes Botanical fast wieder zurückgewinnen. Süßholz und Angelikawurzel, Kassiarinde und Koriander, Orangeschale, Orriswurzeln und Mandeln breiten sich aus und untermalen die Aromen der Beeren. Das Team um Neil Everitt und Bob Fowkes wollte keinen klassischen Dry Gin kreieren, sondern das Gegenteil: Er sollte weich, weich und weich sein. Und süß und fruchtig. Das ist perfekt gelungen. Man genießt einfach. Frau übrigens auch.

www.brockmansgin.com

Brockmans-Gründer Bob Fowkes zeigt gerne, wie er seinen Gin & Tonic am liebsten mag.

Bullards – preisgekrönter Newcomer aus Norwich

Das »Key Botanical« im Gin muss immer Wacholder sein? Nun, auch der Bullards verzichtet nicht darauf, aber bei ihm steht klar eine andere Zutat im Scheinwerferlicht: die Tonkabohne. Sie verleiht ihm eine Mandel- und Marzipannote, Vanillearoma und einen erdigen Touch. Ginkennern ist die Tonkabohne als Botanical übrigens nicht neu: Beim deutschen Tonka Gin ist sie ja sogar namensgebend. Aus Tonkabohne, Lavendel und Kardamom, die neben Wacholder als einzige der insgesamt zehn Botanicals verraten werden, ergibt sich ein aromatisches, sehr weiches, süßliches und dennoch trockenes Bild. Eines, das jüngst die Jury der angesehenen World Drinks Awards bewogen hat, den Bullards zum Best London Dry Gin 2017 zu krönen. Angesiedelt ist die Brennerei in Norwich, wo die Produktion des Bullards nach 150 Jahren Pause erst 2016 wieder aufgenommen wurde. Sie ist kein großer Betrieb, sondern eine Mikro-Destillerie mit sehr kleiner Brennkapazität. Hier geht es absolut nach dem Motto: Klein, aber fein.

www.bullardsspirits.co.uk

Malerische Häuser bestimmen das Flair des Ortes Norwich, in dem Bullards zu Hause ist.

Broker's Premium Dry Gin – mit Gin, Charme und Melone

Was kann noch englischer sein als ein Gin oder ein Mann mit Melone? Ein Gin mit einem Mann mit Melone auf dem Label! Der Bowler Hat ist ein klassisches Accessoire der britischen Börsenmakler und so war der Name für diesen Gin schnell gefunden: Broker's!

So typisch englisch wie das Äußere der Flasche wollten Andy und Martin Dawson auch ihren Gin gestalten, den sie Ende der 1990er-Jahre entwickelten. Sie nutzten dazu ein fast 200 Jahre altes Ginrezept der historischen Brennerei in der Nähe von Birmingham, die sie wieder zum Leben erweckten. Ein milder, geradliniger und klassischer Gin sollte es sein, ohne Schnickschnack und ausgefallene Botanicals. Sie griffen also zurück auf altbewährte Zutaten. Und da das britische Empire ja von überall auf der Welt Waren importierte, sieht die Botanical-Liste des Broker's Premium Dry Gin sehr international aus: Wacholder aus Mazedonien, Koriandersamen aus Bulgarien, Orriswurzeln aus Italien, Muskatnuss aus Indien, Kassiarinde aus Indonesien, Zimt von den Seychellen, Süßholz aus Italien, Prangen- und Zitronenschale aus Spanien und Angelikawurzel aus Polen.

▶ **Typisch englisch – da muss es auf jeden Fall ein Gin & Tonic sein! Fentimans Tonic unterstreicht die Zitrusaromen und gibt einen herben Kick.**

Die Botanicals werden in getrocknetem Zustand für 24 Stunden in der Brennblase mazeriert und zwar in dem Alkohol, der in eben dieser Brennblase in vierfacher Destillation aus Weizenmaische hergestellt wurde. Dann erfolgt die fünfte Destillation: Fertig ist der Broker's Gin, der sich über viele Auszeichnungen freuen kann und seit 2013 auch als koscher zertifiziert ist.

Rund und würzig präsentiert sich der Gin im Glas. Deutlich sind die Zitrusnoten wahrnehmbar, während der Wacholder ein wenig in den Hintergrund tritt. Und auch wenn Muskat und Zimt sich zeigen, so bleibt der Broker's doch jederzeit weich und vornehm zurückhaltend – typisch englisch eben … Das kleine i-Tüpfelchen, das den Broker's Gin im Regal übrigens sofort erkennbar macht, prangt auf jedem Flaschenverschluss: ein kleines schwarzes Bowler-Hütchen.

www.brokersgin.com

Ob im Gin Tonic oder im Martini Cocktail: Der Broker's Gin bleibt immer ganz Gentleman.

Bulldog Gin Extra Bold – Zähne zeigen mit Ansage?

Es gibt Hunderassen, die man mit Treue und Wachsamkeit verbindet, während andere für Spieltrieb oder Jagdinstinkt stehen. Dann sind da noch süße Schoßhündchen und kräftige Bulldoggen. Der einzig wahre »British Bulldog« war Winston Churchill, der als leidenschaftlicher Gintrinker Inspiration für den Bulldog Gin war.

Wer seinen Gin »Bulldog« nennt und ihn in einer gedrungenen, schwarzen Flasche auf den Markt bringt, will damit wohl eine klare Botschaft verbreiten. »Achtung, bissig«, »stark wie eine Bulldogge« oder »von massigem Körperbau« vielleicht? Beim »normalen« Bulldog Dry Gin mit 40 Vol.-% kann man bei der aromatischen Ausgewogenheit und der geschmeidigen Alkoholstärke allerdings nicht unbedingt von einem bissigen Kraftpaket sprechen. Im Gegenteil: Eher ein wenig zahm kommt er herüber und weich und mild. Trotz der zwölf internationalen Botanicals, die verwendet werden (z. B. Mohn, Longanfrucht, Schwertlilie oder Lotusblätter) ver-

▶ **Bulldog Highball:**
Eiswürfel ins Longdrinkglas,
4 cl Bulldog Gin Extra Bold und
4 cl Orangensaft dazu, mit
Ginger Ale auffüllen.

fügt er über ein recht klassisches Profil. Wacholder, Zitrusnoten, Koriander, Zimt und Süßholz dominieren. Eine leichte Pfeffernote bringt dann doch noch Schärfe ins Spiel.

Wer allerdings einen Gin möchte, der seine Zähne zeigt, dem sei der Bulldog Extra Bold empfohlen. Gleiches Ausgangsprodukt, allerdings abgefüllt mit 47 Vol.-%. Und da ist dieser Gin dann auf einmal richtig kraftvoll und zeigt mächtige Präsenz im Glas. Auch Cocktails oder ein Gin Tonic machen dann richtig Spaß mit der schwarzen Bulldogge.

www.bulldoggin.com

Beim kraftvollen Bulldog Gin Extra Bold werden auch die stärksten Jungs gerne einmal schwach.

Cotswolds Gin – England von seiner erfrischendsten Seite

Die englische Region Cotswolds war in Deutschland bis vor kurzem nur Anglophilen bekannt. Das hat sich geändert, seit der Cotswolds Gin hier vertrieben wird. Und der vermittelt ein äußerst positives Bild seiner Heimat!

In einem großen bauchigen Weinglas mit viel Eis, Fentimans Light Tonic, einer Scheibe Pink Grapefruit und einem Lorbeerblatt, so serviert (und trinkt) Dan Szor seinen Cotswolds Gin am liebsten. Ausdrucksstark ist der Gin mit seinem Bouquet aus Wacholder und Kardamom, aus Grapefruit-aromen, Cotswolds-Lavendel und Pfeffer. Alles ist harmonisch verbunden, unterstützt von Angelikawurzel, Koriander, Limette und Lorbeerblättern. Ein Gin Tonic wie er sein sollte, gezaubert mit einem englischen Dry Gin, der auch pur sehr gefällig und aromatisch ist.

Als der Amerikaner Daniel Szor vor einigen Jahren in seiner neuen Wahl-heimat Cotswolds im Städtchen Stourton mit dem Bau einer Brennerei be-gann, hätte er es sich nicht träumen lassen, innerhalb kurzer Zeit mit einem Gin international bekannt zu werden. Whisky zu machen war sein ursprüngliches Ziel, und die Brennerei wurde da-rauf abgestimmt und mit schottischen Pot Stills

> ▶ **Im Negroni Cocktail mit Cotswolds Gin einfach ein-mal den Wermut gegen Gra-pefruitsaft austauschen**

ausgestattet. Im September 2014 lief der erste Alkohol aus den Brennblasen und Fass um Fass wurde gefüllt, um im Laufe der nächsten Jahre zum Whisky heranzureifen.

In einer zusätzlichen sogenannten deutschen Brennblase begann man parallel auch Gin zu brennen. In einer solchen Brennblase wird übrigens üb-licherweise Obstler gebrannt. Kaum war der Verkauf des entwickelten Gins gestartet, wurde klar: Das geplante Ginbrennen einmal im Monat reichte nicht aus. Der Cotswolds Gin wurde ihnen aus den Händen gerissen. Aus einem Nebenschauplatz wurde zweiter Hauptspielort, aus dem Whisky-visionär Szor ein enthusiastischer Ginhersteller und das Team zu professio-nellen Grapefruit- und Limettenschälern.

www.cotswoldsdistillery.com

Duftende Lavendelfelder prägen die Landschaft der Region Cotswolds ebenso wie ihren Gin.

10 Gordon's London Dry Gin – er ist vielen bekannt

Bevor Gin in den letzten Jahren in seiner Vielfalt wahrgenommen wurde, war Gin für viele gleichbedeutend mit Gordon's. Als Alexander Gordon 1769 seinen Gin entwickelte, war ihm sicher nicht klar, dass er den Grundstein zu einer internationalen Erfolgsgeschichte legte. Mittlerweile gehört die Marke Gordon's dem großen Spirituosenkonzern Diageo, doch am (wie es heißt immer noch geheimen) Rezept wurde nichts verändert. Kein anderer Gin ist weltweit so bekannt und viel getrunken wie Gordon's. Auch wenn heute auf dem Gipfel des Ginbooms mit seinen fantasievollen und variantenreichen Aromen der eine oder andere Ginfreak nur müde lächeln mag über die soliden Klassiker: Sie mögen zwar eher geradlinig und schlicht sein, aber gerade das verhilft ihnen zu ihrem langen Atem und macht sie zu einem vielseitigen Partner für viele Drinks und Cocktails.

www.gordonsgin.com

Gordon's ist ein Gin für alle Gelegenheiten, jeden Geldbeutel und viele Cocktailrezepte.

Greenall's London Dry Gin Export Strength – basic & schlicht

Ein britischer Supermarkt-Gin in einer 99-Gins-Auswahl? Dass geringer Preis nicht geringe Qualität heißen muss, zeigt der Spirituosenhersteller G & J Greenall mit seinem Basisprodukt. Na gut, zugegeben, das absolute Basisprodukt des Labels ist dieser Gin nicht, denn es ist die Variante »Export Strength«, die mit 48 Vol.-% statt mit 40 Vol.-% prunkt. Das sorgt für mehr Präsenz im Gin Tonic und lässt den Wacholder und die Zitrusaromen stärker hervortreten. Greenall's fährt damit bereits seit 1761 eine schlichte Linie aus Wacholder, Zitrusfrüchten, Kassiarinde, Koriander und anderen klassischen Botanicals. Der Gin mag kein vielschichtiges Meisterwerk sein, bietet aber eine solide Grundlage für sommerliche Gin Tonics: Mal mit Grapefruitspalte, Gurkenscheibe oder Rosmarinzweig, mal mit einem besonders aromatisierten Tonic. Oder vielleicht mal mit Ginger Ale auf viel Eis?

www.greenallsgin.com

Es grünt so grün… Gurke und Rosmarin sind klassische Garnituren in einem Gin Tonic.

Die kupferne Brennblase der Hayman Distillers kommt aus Deutschland und heißt Marjorie.
Ihr reines, weiches Destillat ist Grundlage verschiedener international bekannter Gins.

Hayman's Family Reserve Gin – Tradition seit 1863

Ein fassgelagerter Gin, der dennoch nicht einfach nach »Fass« schmeckt. Er nutzt die Ruhephase vielmehr, um in Sachen Cremigkeit und samtigem Mundgefühl zuzulegen.

Am Beispiel des Hayman's sieht man sehr schön, wie eng die Geschichte der Medizin und die des Gins zusammenhängen. James Burrough stellte Mitte des 19. Jahrhunderts als Pharmazeut seine Tinkturen und alkoholischen Lösungen selbst her. Irgendwie kam er auf die Idee, auf seiner Destillationsanlage auch Gin zu brennen. Sein Rezept überdauerte die Zeit, und der Hayman's Gin wird noch heute im Familienunternehmen hergestellt. Beim Hayman's Family Reserve Gin erhält das klassische Produkt als limitierte Premiumversion noch eine mehrwöchige Zeit der Nachlagerung in Scotch-Whisky-Fässern. Das verleiht dem Gin nicht nur einen sanft goldenen

▶ **Ein Teil Gin, ein Teil Campari und ein Teil roter Wermut als Negroni in einem Tumbler auf Eis und mit einer Orangenschale serviert.**

Schimmer, sondern auch eine vielschichtigere Aromatik als sie der klassische, schlichte Hayman's zeigt. Würzige, feinherbe Noten und fruchtige Frische ergänzen sich und bekommen durch die Fasslagerung einen samtigen, weichen Unterbau.

www.haymansgin.com

Ohne Wacholderbeeren geht es nicht bei der Ginherstellung: Sie sind die Seele des Gins.

13 London Hill Dry Gin – frisch, trocken & aus gutem Haus

Eine Brennerei mit alten Wurzeln und ein Gin mit jungem Charakter – in Birmingham gibt es eben mehr als Fußball!

Auch wenn die Langley Distillery stolz auf ihr Gründungsjahr 1785 verweist, so ist die Geschichte des London Hill Gins doch eine wesentlich jüngere. Und auch geschmacklich lassen sich keine verstaubten oder antiquierten Noten feststellen.

Ganz im Gegenteil: Der Gin, der in der Herstellung ganz der Tradition des London Dry Gins folgt, hat durch die Betonung von Zitrusaromen (viel Zitronenschale findet Verwendung) einen sehr frischen Charakter. Herber Wacholder und würzige Begleittöne von Koriander, Süßholz und Zimt geben dem weichen, dabei trockenen Gin ein schönes aromatisches Volumen.

Das Unternehmen Ian Macleod ist stolz darauf, den Gin in traditionellem Pot-Still-Verfahren herzustellen. Und über die zahlreichen internationalen Auszeichnungen, das positive Feedback der Ginfans und die steigende Absatzzahlen freut man sich natürlich auch …

www.ianmacleod.com/brands/london-hill-gin

Martin Miller's Dry Gin – »Dann mach ich ihn mir selbst«

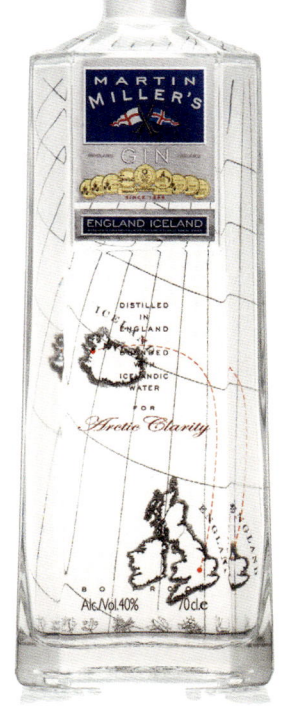

Es begann so: Martin Millers Suche nach einem optimalen Gin für seinen geliebten Martini und andere Cocktails brachte nicht den erhofften Erfolg und so beschloss er, ihn selbst herstellen zu lassen. Martin Miller's Gin eben.

Er sollte eben nicht ein besonderes Aroma in den Vordergrund stellen (abgesehen vom Wacholder natürlich) und auch keine ganz individuelle, außergewöhnliche Note haben. Aber er sollte auch nicht auffällig leicht und gefällig sein wie viele moderne Gins. Martin Miller wollte einen klassischen, geradlinigen und ausdrucksstarken Gin mit einer schönen Balance zwischen Wacholderwürzigkeit und Zitrusfrische. Einen, der sich gleichermaßen im trockenen Martini, in Cocktails oder im erfrischenden Gin Tonic genießen lässt. Mit zwei Freunden machte er sich an die Arbeit und seit 1999 kann er nun seinen eigenen Gin genießen. Und mit ihm die Ginfreunde rund um die Welt auch, denn der Martin Miller's kommt an und ist als All-Time-Basic-Gin eine wirklich ausgezeichnete Ergänzung im Spirituosenregal.

Apropos ausgezeichnet: Nicht nur die Gingenießer begeistert Martin Miller, auch die Experten hat er auf seiner Seite. Das beweisen zahlreiche Auszeichnungen und Prämierungen bei international renommierten Spirituosenwettbewerben.

www.martinmillersgin.com

15

Mombasa Club London Dry Gin – genießen im Kolonialstil

Welch ein auffälliger Name und welch noch auffälligere Flasche. Aber was in Wirklichkeit noch viel wichtiger ist: Welch auffallend aromatischer Gin!

Zu Zeiten des British Empire war Kenias Hauptstadt Mombasa ein wichtiger Stützpunkt der Kolonialherren und dort trafen sich stilgerecht die britischen Offiziere und andere Persönlichkeiten des kolonialen Lebens im exklusiven Rahmen eines privaten Clubs. Gin Tonic war einer der Grundpfeiler der Versorgung hier. »Aus gesundheitlichen Gründen« heißt es immer so schön, was bedeuten soll: Das im Tonic Water enthaltene Chinin sollte prophylaktisch der Malaria wehren, der alltäglichen Geisel jener Zeit. Dieses damalige Tonic Water war übrigens überaus bitter und hatte längst nicht den Limonadencharakter von heute. Um den Genuss erträglich zu machen, wurde die Beimischung von Gin beliebt. Aber unter uns: Es dauerte sicher nicht lange, bis der gesundheitliche Aspekt des Gin Tonics zweitrangig wurde und der Genuss im Vordergrund stand… Speziell für den Mombasa Club in Kenia wurde Ende des 19. Jahrhunderts in der englischen Heimat ein Gin produziert und nach Afrika verschifft.

Dieses traditionelle Rezept durfte um 2010 herum unter der Regie von Thames Distillers wieder aufleben und als Mombasa Club Gin international Karriere machen. Nicht mehr hinter verschlossenen Club-Türen, aber in einem Design, das den Bezug zur »guten alten Kolonialzeit« ganz bewusst sucht. Als Gin der alten Schule ist der Mombasa Club ein klassischer Überbringer deutlicher Wacholderbotschaft, aber auch einer mit warmen, würzigen Noten von Koriander, Süßholz, Kümmel, Nelke und Anis. Ein vierfach gebranntes Getreidedestillat ist die Basis des Gins, der dann mit den mazerierten Botanicals ein weiteres Mal destilliert wird. Das Ergebnis ist ein runder, weicher, aromatischer Gin mit langem Finish – ein Hoch auf diesen schmackhaften Aspekt der Kolonialzeit!

www.mombasagin.com

Nicht nur die Flaschenform des Mombasa Club soll an die britische Kolonialzeit erinnern.

16 Plymouth Gin – eine Sache für sich

Ein London Gin muss nicht aus London kommen, aber ein Plymouth Gin aus Plymouth. Es ist die einzige geographische Herkunftsbezeichnung, die gemäß EU-Verordnungen für einen Gin geschützt ist. Plymouth Gin ist eine Institution unter den Gins, ein angesehener alter Herr, vor dem die Jungspunde ehrfürchtig den Kopf neigen. Offiziell begann die Produktion des Gins 1793, vermutlich wurde hier aber schon seit einem Jahrhundert zuvor destilliert. Seither wechselten zwar die Besitzer der Brennerei, doch Rezept und Stil blieben gleich. Konstanz ist auch in Sachen Destillation das große Zauberwort: Seit rund 160 Jahren tut nun schon die derzeitige Brennblase ihren Dienst in der Plymouth Gin Distillery, lange Zeit unter dem Namen Black Friars Distillery bekannt. Für den Erfolg des Gins sorgte nicht zuletzt die Tatsache, dass die Royal Navy ihn zu ihrem Haus-und-Hof-Gin machte. Um 1850 herum, so heißt es, kaufte die Royal Navy jedes Jahr 1000 Fässer Plymouth Gin an. Lange Zeit stand der Begriff Plymouth Gin in der Spirituosenszene übrigens auch für einen bestimmten Ginstil, weicher und etwas süßer als London Gin, mit einer Tendenz zu mehr fruchtigen Aromen und mit mehr Wurzeln als Botanicals. Doch um einem Gin in den EU-Regularien den Rang eines eigenen Stils zu sichern, müssen die Herstellungsdetails festgelegt werden. Die wollte der jetzige Besitzer Pernod Ricard dann doch nicht offenlegen.

www.plymouthgin.com

Den Hafen von Plymouth säumen beeindruckende Gebäude – historisch wie der Plymouth Gin.

Sipsmith – Made in London

Es gibt viele London Dry Gins, aber der Sipsmith verdient diesen Namen wirklich. Nicht nur von der klassischen Herstellung und seinem aromatischen Profil her, sondern vor allem weil er tatsächlich in London entsteht. Dabei wurde in der britischen Hauptstadt ab 1820 für fast 200 Jahre gar kein Gin hergestellt. Erst 2009 lief in einer kleinen Garage im Stadtteil Hammersmith wieder eine Brennblase an. 2014 ist man umgezogen nach Chiswick, um mehr Platz zu haben, denn mittlerweile verrichten drei Brennblasen ihren heißen Dienst bei Sipsmith. Dass dieser Gin ein Produkt mit Zukunft ist, merkte man auch in den oberen Kreisen der Spirituosenbranche: Ende 2016 übernahm der Spirituosenriese Beam Suntory das kleine Unternehmen. Neben diesem klassischen London Dry Gin mit Wacholder und süßlichen Gewürznoten hat Sipsmith weitere Gins im Portfolio. Allen voran der V.J.O.P., der »Very Junipery Over Proof«, bei dem der Wacholder kräftig in den Vordergrund tritt und die Alkoholstärke auf 57,7 Vol.-% erhöht wurde. Oder der Lemon Drizzle: Ein Gin, den Zitrone in unterschiedlichen Facetten aromatisiert hat. Oder der von Schlehen geküsste Sloe Gin. Wer da nichts nach seinem Geschmack findet …

www.sipsmith.com

Die Sipsmith-Gründer Jared Brown, Sam Galsworthy und Fairfax Hall (von links nach rechts)

Eine Flasche, die in keiner Bar fehlt: Der junge Tanqueray No. 10 ist bereits ein Klassiker.

Tanqueray No.10 – klassisch. Fruchtig. Muss!

Wenn der Tanqueray No. 10 einen Beinamen bekommen sollte, dann wäre wohl »Bartenders Liebling« absolut passend. In keiner guten Cocktailbar fehlt dieser hochprozentige Dry Gin und für viele ist er ein liebgewonnener Mitspieler in klassischen Cocktails.

Die Marke Tanqueray kann man als Klassiker bezeichnen, der international über einen sehr guten Ruf verfügt. 1830 hob Charles Tanqueray in Bloomsbury seine Ginbrennerei aus der Taufe und schenkte der Welt einen reinen und weichen Dry Gin. Den Tanqueray No.10 gibt es allerdings erst seit dem Jahr 2000. Er gesellte sich zum klassischen Tanqueray Dry Gin als Premiumvariante hinzu. Wie sein älterer Bruder setzt der Tanqueray No. 10 sehr auf Wacholder und frische Zitrusaromen, doch er spielt zusätzlich stark mit Orangen-, Limetten- und Grapefruitnoten. Der Tanqueray No.10 verdankt seine fruchtigen Aromen der Verwendung frischer

▶ **Ein Martini aus einem Teil Tanqueray No. 10 und einem Teil trockenem Vermouth, garniert mit einer Limettenzeste – ein »giniales« Gedicht!**

Früchte, was sich auch in der Gestaltung der Flasche widerspiegeln soll: Am Boden laufen die eingeschliffenen Vertiefungen im Glas so zusammen, dass sie an eine Zitruspresse erinnern. Dass der Tanqueray No.10 bei den Bartendern einen Stein im Brett hat, liegt sicher auch an der geballten Alkoholstärke von 47,3 Vol.-%, die er in Cocktails und Martinis wunderbar einsetzen kann.

www.tanqueray.com

Gin und Eis sind ein perfektes Paar. Viel Eis. Und viel Gin …

Nur wenige Botanicals sind nötig, um den Two Birds Gin aromatisch zu prägen, aber viele einzelne Handgriffe, um ihn fertig zu stellen und auf den Weg zu bringen.

Two Birds – die kleinsten Vögel singen oft am schönsten

Frei nach dem Motto »Dem Ingeniör ist nichts zu schwör« hat Mark Gamble seine Brennblase selbst konstruiert und zusammengebaut. Nur 25 Liter fasst »Gerard's No.1«, liebevoll auch kurz »Gerard« genannt, und so gehört die Two-Birds-Brennerei wohl zu den kleinsten der Welt. Der Gin allerdings spielt in der Liga der Großen mit.

100 Flaschen Two Birds Gin ist die Ausbeute eines Brennvorganges mit »Gerard«. Das ist nicht viel und eine effektivere Produktionsmethode hat sich Mark Gamble vielleicht insgeheim des Öfteren gewünscht, nachdem die Nachfrage nach oben ging, besonders nach der Auszeichnung »UK Craft Gin of the Year« bei den Craft Gin Awards 2013. Die international beachtete Auszeichnung machte den Gin noch im Eröffnungsjahr der Brennerei über die lokalen Grenzen von Leicestershire hinaus bekannt. Doch obwohl Two Birds Spirits 2014 vom ursprünglichen kleinen Zuhause in größere Brennereigebäude umgezogen ist, bleibt »Gerard« das Herzstück der Produktion und die Small-Batch-Methode wird beibehalten. Eine Veränderung des Brennvorganges hätte unweigerlich auch eine Veränderung des Destillates zur Folge und das will Gamble nicht riskieren.

Two Birds Gin ist im Stil eines klassischen London Dry Gin gehalten. Wacholder regiert, aber Koriander, Zitrone, Iriswurzel und ein weiteres Botanical sorgen für eine ausbalancierte Würzigkeit. Das fünfte Element wird nicht verraten. Die meisten, die den Gin verkostet haben, tippen auf Angelikawurzel. Vielleicht überprüfen Sie es ja einmal selbst …

Lassen Sie sich übrigens nicht verwirren von der Namensähnlichkeit des englischen Unternehmens Two Birds Spirits und des US-amerikanischen Two Birds Artisan Spirits. Die Engländer produzieren den Two Birds Gin, die Amerikaner den Greyling (siehe Seite 176). Und das ist ja kein Vogel, sondern ein Fisch.

www.twobirdsspirits.co.uk

20 Caorunn – mit zartem Gruß aus Schottland

Sprechen Sie gälisch? Wenn nicht, dann sind Sie vermutlich dankbar dafür, dass auf dem Etikett auch gleich eine Aussprachehilfe präsentiert wird. Caorunn heißt Vogelbeere und das deutet an, dass dieser Schotte ungewöhnliche Botanicals verwendet.

Genau elf Botanicals stehen auf der Zutatenliste des Caorunns, der in der Balmenach-Brennerei produziert wird. Dort entsteht übrigens neben diesem Gin in erster Linie sehr bekannter Scotch Whisky. Für den Caorunn wird eine besondere Brennblase benutzt, in deren Zylinder sich vier Siebe befinden. In dieser »Berry Chamber« strömen die aufsteigenden Alkoholdämpfe durch die Botanicals, die auf den Sieben ausgebreitet sind: Wacholder, Angelikawurzel, Kassiarinde, Koriander, Zitronen- und Orangenschale, Vogelbeere, Löwenzahn, Heidekraut, der Hochlandapfel Coul Blush und Gagelstrauch (auch Moor-Gagel genannt).

▶ **Caorunn mit einem Schnitz von rotem Apfel und viel Eis serviert. Oder mal ganz anders: Mit heißem Apfelsaft aufgefüllt, etwas Zucker und Zitronensaft gibt er einen genialen Hot Apple Toddy.**

Die fünf letztgenannten Zutaten geben dem Caorunn einen starken regionalen Charakter. Doch keine Sorge, sie überfrachten ihn nicht mit ungewöhnlichen Aromen. Sehr leicht und rein ist dieser Gin und die floralen und würzigen Noten zeigen sich weich und abgerundet. Eigentlich kommt der Caorunn im Geschmack eher klassisch daher mit feinen trockenen Wacholdernoten und einer angenehmen Frische.

Die Geschichte der Balmenach-Brennerei begann im Jahr 1824. Das reine Wasser am Fuße der Cairngorm Mountains ist wie geschaffen zum Brennen von Alkohol und obwohl die Besitzer mehrfach wechselten, ist die Destillerie heute noch aktiv. Seit 2008 widmet man sich neben der Whiskyproduktion auch der Herstellung von Gin. »Warum eigentlich erst jetzt?« fragt man sich, wenn man den Caorunn probiert hat.

www.caorunngin.com

Die Balmenach Distillery liegt in der beeindruckenden Landschaft der schottischen Highlands. Gin Master Simon Buley kontrolliert die Qualität des verwendeten Wacholders.

21

Darnley's View – ein Schluck sagt mehr als tausend Blicke

Irgendwie geht es bei Schotten immer um Geschichte. Auch dieser Gin will da keine Ausnahme machen und benennt sich nach einem magischen Moment: Als Mary Queen of Scots anno 1565 auf Wemyss Castle erstmals Lord Darnley sah, ihren künftigen Ehemann und Vater ihres Sohnes Prinz James, war es den Erzählungen nach um sie, aber vor allem um die schottische Unabhängigkeit, geschehen. Zumindest wird diesem James VI, der gleichzeitig dann auch James I war, die Vereinigung des englischen mit dem schottischen Thron zugeschrieben. Ob dieser Blick also positive oder negative Folgen hatte, kommt wohl auf den Standpunkt an.

Der Genuss des Darnley's Views jedenfalls hat überaus positive Folgen und beschert ein weiches, warmes Mundgefühl. Angenehme, verhaltene Wacholderaromen, leichte Zitrusnoten und süße florale Anklänge machen den im klassischen London-Dry-Stil mit nur sechs Botanicals erzeugten Gin zu einem modernen Dry Gin und sehr gefällig. Mit dem Darnley's View Spiced Gin ist übrigens ein weiterer Gin des Labels auf dem Markt. Dieser ist durch den Einsatz anderer Botanicals wesentlich kräftiger im Geschmack und würziger.

www.darnleysview.com

Darnley's Spiced Gin in Trinkstärke und als Navy Strength und Darnley's Original Dry Gin

Eden Mill Original Gin – mit Gruß aus St Andrews

Golfer werden beim Ortsnamen St Andrews sicher hellhörig. Richtig, die Eden Mill Distillery ist unweit des schottischen Golfer-Paradieses ansässig. Der Ort hat in der Tat Einfluss auf den Eden Mill Gin: Bei den Botanicals fiel die Wahl neben klassischen Gingewürzen zudem auf Sanddornbeeren, die nahe der Brennerei in großer Menge wachsen. In Verbindung mit Wacholderbeeren, Angelikawurzel, Zitronenschalen, Zitronenmelisse und anderen Gewürzen ergibt sich ein fruchtiges Geschmacksbild: Da ist Süße, die an Birnen und Honigmelonen erinnert, eine Woge aus Zitronen-, Orangen- und Grapefruitaromen, ein Kick wie von grünem Pfeffer, Würzigkeit von Koriander und ein angenehmes Wacholderaroma. Ein weicher, frischer Gin, der Spaß macht, vor allem in einem fruchtigen Gin Tonic – nach einer Partie Golf oder auch einfach so. Apropos Golf: Neben dem Eden Mill Original Gin gibt es immer wieder limitierte Sonderabfüllungen, da man Spaß am Experimentieren und viele neue Ideen hat. So entstand in Zusammenarbeit mit einem Golfturnier von St Andrews der Eden Mill Golf Gin, der eine besondere Note durch Zitronengras und Hickory erhielt.

www.edenmill.com

Die Eden-Mill-Brennerei ist auf dem Gelände einer ehemaligen Papiermühle untergebracht.

23 Edinburgh Gin – ein bisschen die Highlands genießen

Edinburgh ist die Hauptstadt Schottlands. Und ein Gin, der sich mit diesem Namen schmückt, sollte deshalb auch ein bisschen typisches Schottland ins Glas bringen.

Alt wie die ehrwürdige schottische Stadt, deren Namen er trägt, ist auch das überlieferte Originalrezept für den Edinburgh Gin, der seit einigen Jahren ein Comeback feiert. Auf 1777 gehe es zurück, heißt es. Darin sind neben den üblichen Verdächtigen wie Wacholder, Koriander, Zitrusschalen oder Angelikawurzeln auch Heidekraut und Mariendistel zu finden, zwei Pflanzen, die mit den schottischen Highlands fest verwurzelt sind (die Autorin hofft, Sie bemerken das geniale Wortspiel …). Die »Thistle«, die Distel also, die Nationalblume Schottlands, die als Emblem nahezu allgegenwärtig ist. Als Ergebnis dieser aromatischen Komposition haben wir einen Gin vor uns, der sehr komplex und intensiv ist. Herb trifft süß, floral trifft erdig, fruchtig trifft pikant – der Edinburgh Gin ist ein wunderbar ausdrucksstarker Allrounder und verträgt auch ein kräftiges Tonic wie ein Schweppes.

> ► Ein Negroni mit Edinburgh Gin ist absolut lecker: Ein Teil Gin, ein Teil Campari und ein Teil roter Wermut in einem Tumbler auf Eis und mit Orangenzeste serviert.

Neben dem klassischen Edinburgh Gin hat die Brennerei mittlerweile etliche Variationen zu bieten wie den Seaside oder den alkoholstarken Cannonball Gin.

Wer einmal nach Edinburgh kommt, sollte sich einen Besuch der Edinburgh Ginbrennerei nicht entgehen lassen, die erst vor einigen Jahren umgezogen ist in die Innenstadt. Vorher wurde der Edinburgh Gin nämlich gar nicht direkt in Edinburgh hergestellt. Am Ende der berühmten Princes Street ist die Schaubrennerei im Untergeschoss des Rutland Hotels zu finden, eingebunden in die Heads & Tales Bar. In der gibt es natürlich Edinburgh Gin zu genießen, aber auch viele andere leckere Spirituosen, die es zu entdecken lohnt.

www.edinburghgindistillery.co.uk

Die Räume der Edinburgh Distillery im Untergeschoss des Rutland Hotels haben Stil.
Head Distiller David Wilkinson brennt direkt vor den Augen der Brennerei- und Barbesucher.

24 Gilt Single Malt Scottish Gin – kein Whisky, sondern Gin!

Ein Spanier und ein Schotte saßen in einer Bar... Was wie der Beginn eines Stammtischwitzes klingt, läutet die Entstehungsgeschichte des Gilt Gins ein. Das Treffen des Spaniers und des Schotten in der Bar führte zu einem Gin auf der Basis von Gerstenmalz. Ein Gin braucht eine solide alkoholische Grundlage. Dass dieser Ausgangsstoff aus Getreide gebrannt wird, ist allgemein üblich, reinen Gerstenmalzbrand kennt man eigentlich nur aus der Whiskyherstellung. In der schottischen Strathleven Distillery aber wird genau dieses Malz durch hochprozentige Destillation hergestellt. Bei den Botanicals, die anschließend darin eingeweicht werden, bleibt man eher auf der klassischen Seite: Wacholder, Koriander, Limetten- und Orangenschale, Karadamom, Süßholz, Kassiarinde, Angelika- und Iriswurzeln. Der Ginbrand ergibt einen intensiv-würzigen Gin mit klarem Wacholderprofil, fruchtigen Noten, aber auch einer dezenten Süße, Karamell- und Kräuternoten.

> ▶ **1 Teil Gilt Gin, 1 Teil roter Vermouth, 1 Teil Aperol auf Eis in einen Tumbler geben, umrühren und mit einer Orangenscheibe garnieren – eine gefällige Negroni-Abwandlung!**

Eines der beachtlichsten Merkmale des Gilt Gin ist jedoch seine große Öligkeit, die ihn zu einem idealen Puristen im Glas macht. Er gefällt durch seine weiche Kräuternote auch sehr gut in unterschiedlichsten Cocktails.

www.strathlevendistillers.com

Hendrick's – der Gurkenklassiker

Wer die Gurke nicht ehrt, ist den Hendrick's nicht wert – so oder so ähnlich könnte der Leitspruch dieses schottischen Gins lauten. Ob die Verbindung von Hendrick's und Gurke nun liebgewonnener Kult ist oder aromatischer Kick – die Kombination passt. Aber unter uns: Hendrick's geht auch ohne Gurke …

Der Gin in der dunklen Apothekerflasche hat seit seiner Geburt im Jahr 1999 international einen erstaunlichen Eroberungszug hingelegt und ist mittlerweile auch in der deutschen Spirituosenszene fest verwurzelt. Erstaunlich, wenn man bedenkt, dass das Unternehmen William Grant & Sons den Hendrick's sehr ungewöhnlich konzipiert hat. Aber vermutlich ist der Erfolg des Gins unter anderem gerade diesem Anderssein und dem damit verbundenen hohen Wiedererkennungswert zu verdanken. Würde man

▶ In einem Martini macht der Hendrick's eine super Figur. Und statt der Olive wählen Freaks eine ausgestochene Gurkenkugel.

mit Ginfreunden ein Assoziations-Quiz spielen und sagen »Gin« und »Gurke«, würden vermutlich 95 Prozent der Mitspieler »Hendrick's« rufen (und die restlichen 5 Prozent würden vermutlich bei »Gurke« an was anderes denken).

Die Salatgurke ist nicht nur eine prägende Zutat bei der Herstellung des Hendrick's. Wo andere Gin Tonics mit Limettenzeste oder Rosmarinzweig als Garnish serviert werden, kommt ein Hendrick's-G&T meist mit einer Gurkenscheibe daher. Doch es gibt noch ein zweites Aroma, das sanft, aber deutlich den Schotten prägt: Rose. Bulgarische Rose, um genau zu sein. Ihre süße, duftige Note kommt einem bereits in der Nase entgegen, zeigt sich ebenso am Gaumen. Wacholder tritt hier eher etwas in den Hintergrund, sodass der Hendrick's also wohl eher nicht der Top-Tipp für Freunde von kräftig-herzhaften Gins ist. Aber auf einen Versuch sollte sich jeder unbedingt einmal einlassen. Wer weiß – vielleicht ist man selbst ja auch ein Gurken-Fan und weiß es noch gar nicht?

www.hendricksgin.com

Master Distiller Lesley Gracie hat eine äußerst feine Nase.
Im »Gin Palace« der Girvan-Brennerei regieren neben Alan und Lesley die Brennblasen.

Die Botanicals für den Hendrick's Gin werden mikroskopisch genau überprüft …
… nachdem sie von Lesley mit Leidenschaft und Kompetenz ausgewählt wurden.

Zarter Gin und zartes Design: Der Jinzu zeigt auch äußerlich seine japanische Seite.

Jinzu – ruhig mal neue Wege gehen

Großbritannien meets Japan – der Jinzu Gin ist eine harmonische Verbindung von Gin und Sake. Herausgekommen ist dabei ein zarter, weicher Gin mit besonderen, fruchtigen Aromen und einem leicht asiatischen Touch.

Ein Spirituosenwettbewerb war Geburtshelfer für den Jinzu. Das Unternehmen Diageo hatte dazu aufgefordert, Ideen für neue Spirituosen zu präsentieren und die britische Barkeeperin Dee Davis gewann mit dem Vorschlag einer Symbiose aus klassischem Gin und Sake. Ihre überzeugende Idee wurde dann tatsächlich umgesetzt: In der schottischen Cameronbridge-Brennerei entsteht zunächst aus Getreide der Neutralalkohol, in dem anschließend Wacholder, Koriander und Angelikawurzel mazeriert werden. Für eine besondere japanische Note werden Kirschblüten und Yuzu-Früchte hinzugefügt, bevor der Gin destilliert wird. Doch fertig ist der Jinzu erst, wenn dieser Gin dann mit einem kleinen Anteil an Junmai-Sake geblendet wird.

▶ **Eine Spalte grüner Apfel empfiehlt Dee Davis als i-Tüpfelchen in einem Gin Tonic mit Jinzu.**

Kirschblüten spielen übrigens nicht nur als zarte Aromengeber eine Rolle, sondern stehen auch noch in anderer Hinsicht mit dem Jinzu in Verbindung: Der anmutige Gin verdankt seinen Namen nämlich einem Fluss durch die japanische Präfektur Toyama. Dieser Jinzu ist gesäumt von Tausenden von Kirschbäumen. Wer einmal versucht, sich den Anblick der überwältigend vielen Kirschblüten im Frühjahr vorzustellen, der kann die florale Gestaltung der Flasche sicher sofort nachvollziehen. Aber keine Sorge, die zarten Kirscharomen dominieren den Gin nicht, der nach wie vor ein Gin ist und kein Kirschwässerle. Frische Zitrus- und Kirscharomen bietet der Jinzu, und bringt sie fein und weich herüber. Die Yuzu-Früchte sorgen für eine Untermalung mit Mandarinennoten – vor allem die Nase kommt zu diesem Genuss. Etwas deutlicher meldet sich der Wacholder.

www.diageo.com

27 Makar Gin – ein schottisches Wacholdergedicht

Im Oktober 2014 hat die Glasgow Distillery Company den Makar Gin auf den Markt gebracht. Während die meisten neuen Ginkreationen gerade dem Trend »weg von der Übermacht des Wacholders« folgen, wurde der Makar dem ganz bewusst entgegengesetzt und folgt der klassischen, stark Wacholder betonten Linie.

Lange war die schottische Großstadt ein weißer Fleck auf der Karte der schottischen Gindestillerien. Während dort im 18. und 19. Jahrhundert die Spirituosenindustrie boomte, verschwanden die Unternehmen im 20. Jahrhundert. Entweder, weil sie die wirtschaftlichen Flautezeiten von Depression und Weltkriegen nicht überstanden oder weil sie sich aus der City ins Umland zurückzogen. Ein weiteres Problem für die Getränkehersteller war die partielle Prohibition in manchen Gemeinden (oder genauer gesagt »licensing districts«) in den Jahren zwischen 1920 und 1947. Der Temperance Act von 1913 hatte die Grundlagen für örtliche Abstimmungen darüber geschaffen, ob Alkoholausschank erlaubt oder untersagt werden solle. Ganz trocken waren »dry districts« aber nie, der private Konsum war ebenso erlaubt wie die Herstellung von alkoholischen Getränken. Auch konnten Hotels und Restaurants Ausnahmegenehmigungen erhalten für den Alkoholgenuss, solange dieser Mahlzeiten begleitete.

Die Glasgow Distillery Company meldete sich 2013 in Glasgow zurück und will mit dem Makar Gin an die einstige erfolgreiche Liaison von Hauptstadt und Gin anknüpfen.

Neben Wacholder machen sieben weitere Botanicals den Makar zu einem stark würzigen, geradlinigen klassischen Gin: Koriander, Zitronenschale, Engelwurz, Süßholz, Rosmarin, schwarze Pfefferkörner und Kassiarinde. Kräftig und selbstsicher im Aroma verträgt er sich sodann mit jedem Tonic und ein Gin Tonic wird zum erfrischenden Gedicht. Vielleicht hat er deshalb den gälischen Namen Makar bekommen? Übersetzt heißt Makar nämlich »Poet«. Überlassen wir also dem Dichter vertrauensvoll die Bühne – pardon, die Bar – und genießen die Brennkunst.

www.glasgowdistillery.com

Ein Martiniglas, eine Ginflasche, ein Zweig Rosmarin – fertig ist ein »geistreiches« Stillleben. Ebenso kunstvoll ist das Arrangement der Botanicals, das einen Gin einzigartig prägt.

28 NB Gin – viel Craft und wenig Schnörkel

Seit der NB Gin im Jahr 2013 herauskam, arbeiten seine Macher daran, ihn bekannt zu machen, und sind mit ihm sehr erfolgreich bei Awards und vielen Events dabei. Sie punkten mit der Tatsache, dass der Gin in liebevoller Handarbeit entsteht, aber vor allem überzeugt er ganz einfach mit seinem angenehmen, vollmundigen Aroma.

Die NB Gin Flasche macht von der Optik her einen sachlichen, schlichten und geradlinigen Eindruck. Wenn man sich dazu noch die Liste der Botanicals anschaut und die üblichen Verdächtigen entdeckt (Wacholder, Koriander, Kardamom, Angelikawurzel, Zitronenschale, Kassiarinde, Iriswurzel und Paradieskörner) sieht man sich in der Vermutung bestätigt, es hier mit einem typischen wacholderdominanten und würzigen Gin zu tun zu haben. Der erste Schluck sorgt dann bei den meisten dennoch für eine kleine Überraschung: Der NB fällt aromatisch nicht total aus dem erwarteten Rahmen, aber mit seinem weichen, milden Charakter lässt er sich dann doch nicht so ohne weiteres als »nur« klassischer Gin einstufen.

Und etwas Klassisches wollten Steve und Vivienne Muir, Seiteneinsteiger in Sachen Brennerei, auch gar nicht erschaffen, als sie den NB Gin kreierten. In sehr kleinen Batches von rund 100 Litern entsteht er, rein in Handarbeit vom ersten bis zum letzten Produktionsschritt. Ein echter »Craft Gin« ist er also. Im Gegensatz zu den meisten Craft Distillern verzichtet das Paar auf besondere regionale Ingredienzien, wohl aber nicht auf einen regionalen Touch in anderer Hinsicht: Der Name NB Gin repräsentiert die Initialen der Stadt, in der das kleine Unternehmen ansässig ist: der für ihren Golfplatz weltberühmten Küstenstadt North Berwick unweit von Edinburgh.

Für alle Freunde des hochprozentig Geistigen, die ihrem Cocktail oder ihrem Gin Tonic einen kräftigen Kick verleihen wollen, ist jetzt auch der NB Navy Strength auf dem Markt. Er entstand im gleichen Herstellungsprozess mit den gleichen Botanicals, bietet aber mit 57 Vol.-% deutlich mehr Alkoholstärke als der klassische NB Gin mit 42 Vol.-%.

www.nbdistillery.com

NB Gin ist in der schottischen Küstenstadt North Berwick zu Hause, unweit von Edinburgh. Mit Leidenschaft widmet sich Vivienne Muir dem Erweitern des NB-Ginsortiments.

Pickering's Gin entsteht in der Summerhall Distillery in Schottlands Hauptstadt Edinburgh.
Handarbeit ist angesagt bei Pickering's Gin, auch beim Befüllen und Labeln der Flaschen.

Pickering's Gin – from Bombay with love

Ein Ginrezept, 1947 in Bombay handschriftlich auf ein Blatt Papier gekritzelt, ist Marcus Pickerings ganzer Stolz und hat gerahmt einen Ehrenplatz in der Edinburgher Brennerei gefunden. Sein Vater bekam es einst von seinem Freund und hat es an Marcus weitergegeben.

65 Jahre dauerte es, bis das Rezept in die Tat umgesetzt wurde. Marcus Pickering verwirklichte 2013 zusammen mit einem Freund in Edinburgh seinen Traum von einer eigenen Ginbrennerei. Pickering's Gin basiert auf dem alten Rezept, doch sie haben es ein wenig modifiziert und verfeinert. Mit neun Botanicals wird gearbeitet, und sie geben dem Gin ein klassisches Wacholderprofil, von deutlichen Zitrusnoten ergänzt. Süßholz und Zimtnoten breiten sich würzig am Gaumen aus, auch Fenchel und florale Veilchenaromen. Aber der Hauptdarsteller ist und bleibt bis in den Nachklang hinein der Wacholder.

Wer in Edinburgh ist, dem sei ein Besuch in der Royal Dick Bar dringend empfohlen. Sie befindet sich unmittelbar neben der Pickering's-Brennerei und ist mit ihr durch eine Leitung verbunden. Durch sie fließt der Gin direkt in die Bar. Hier gibt es also Pickering's Gin frisch gezapft!

www.pickeringsgin.com

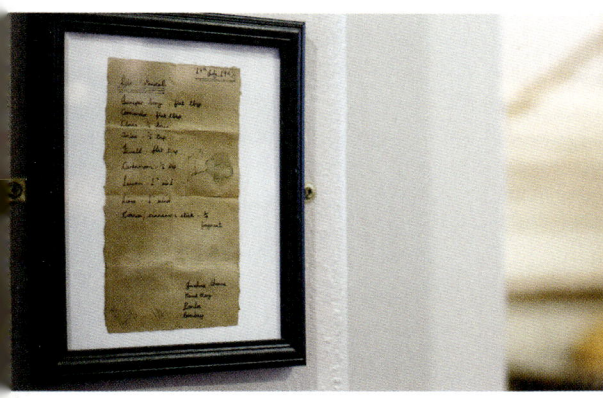

Das handgeschriebene Rezept für den Pickering's können Besucher der Brennerei bestaunen.

30 Rock Rose Gin – mit dem Powerfood der Wikinger

Hoch im Norden Schottlands war einst das Revier der Wikinger. Auf den rauen Klippen sah man sie ab und zu beim Ernten einer wilden Pflanze, heißt es. Rhodiola rosea, auch Rose Root (Rosenwurz) genannt, würde ihnen Kraft für den Kampf verleihen, glaubten sie. Vielleicht mochten sie auch einfach nur den Rosenduft …

Geprägt von heimischen schottischen Pflanzen ist der floral-fruchtige Rock Rose Gin, den das Ehepaar Claire und Martin Murray als Dunnet Bay Distillers in Caithness herstellen. Der erste Gin lief am 17. August 2014 aus der Brennblase, nachdem 55 Experimente zum Kreieren des endgültigen Rezepts vorangegangen waren. Rose Root, die Wurzel, die das charakteristische Rosenaroma spendet, gibt dem Gin seinen Namen. Das fruchtige Aroma erhält der Gin durch eine Vielzahl an Beeren wie Sanddorn, Vogelbeeren oder Blaubeeren. Insgesamt verwenden die Murrays 18 Botanicals, natürlich nicht alle hier oben im Norden beheimatet. Klassisch untermauert wird das Geschmacksprofil schließlich von Wacholder, Kardamom und Koriander. Im Gegensatz zu den meisten Gins werden die Gewürze nicht direkt im Alkohol eingeweicht, sondern in der Brennblase in einem Korb von den aufsteigenden Dämpfen durchdrungen.

> ▶ **Ein Zweig Rosmarin im Gin Tonic ist die Empfehlung des Herstellers, aber versuchen Sie auch einmal ein Blatt Minze für einen frischen Twist.**

Nun braucht man aber nicht zu fürchten, hier ein parfümähnliches Rosenwasser vor sich zu haben. Die duftigen Aromen umschmeicheln den Gin, werden aber von würzigen gintypischen Noten getragen. Mit einem zarten Tonic wie dem 1724 oder Thomas Henry macht der Rock Rose durchaus auch im Gin Tonic eine ausgesprochen gute Figur.

Neben der klassischen Ausgabe des Rock Rose Gin mit 41,5 Vol.-% gibt es auch eine Navy Strength Edition mit 57 Vol.-%, ideal zum Mixen von Cocktails.

www.dunnetbaydistillers.co.uk/rock-rose-gin

Martin und Claire Murray sind die Dunnet Bay Distillers und mit Leidenschaft am Werk.

Shetland Reel – geboren mitten im Meer

Die nördlichste schottische Brennerei liegt auf einer kleinen Inselgruppe so weit im Norden, dass es im Sommer nie richtig Nacht und im Winter nie richtig Tag wird. Dort, wo sich Nordsee und Atlantik begegnen. Gestartet mit der Vision, Whisky zu machen – und erfolgreich mit Gin.

Die kleine Insel Unst gehört zu den Shetland-Inseln. Alles, was für die Ginherstellung benötigt wird, muss von Aberdeen aus per Schiff und Fähren hertransportiert werden. Und der fertig abgefüllte Gin macht dann die Reise aufs Festland. »Alles« ist nicht ganz richtig, denn eine Zutat des Shetland Reel Gins wächst hier auf Unst: Es ist die Apfelminze, die dem sonst

ganz klassischen, sehr aromatischen Gin mit würzigem Wacholdercharakter einen überzeugenden regionalen Touch verleiht. Ein Touch, der sich vor allem in einem frischen, mentholigen Nachklang bemerkbar macht.

Betreiber der kleinen, handwerklich arbeitenden Saxa Vord Distillery sind die Ehepaare Debbie und Frank Strang und Wilma und Stuart Nickerson. Stuart war lange Zeit in führender Position in der Whiskyindustrie tätig, brachte also die besten Voraussetzungen zum Neuaufbau einer Brennerei mit. Und vor allem hatte er eine Vision: Die Vision, hier oben auf den Shetland-Inseln den nördlichsten schottischen Whisky zu produzieren. Zunächst

▶ **Einen Gin Tonic mit Shetland Reel Gin unbedingt einmal mit einer Scheibe reifer Kiwi als Garnish probieren!**

aber widmet man sich dem Nahziel eines eigenen Gins. Klar, geradlinig, klassisch, aber eben doch mit einer kleinen regionalen Besonderheit, die in der bereits erwähnten Apfelminze liegt.

Zum Shetland Reel Original haben sich bereits weitere Ginversionen hinzugesellt. Sehr erfolgreich und mit viel Enthusiasmus.

www.shetlandreel.com

Dem Zauber von Saxa Vord auf den Shetland-Inseln kann man sich nur schwer entziehen.

Brennereibesitzer Tony Reeman-Clark freut sich über den Erfolg seines Strathearn Gins.

Strathearn Heather Rose Gin – think pink

Es gibt destillierte Gins und es gibt Compound Gins, die mit Kaltauszug arbeiten. Und es gibt den Strathearn Heather Rose, der beides vereint und damit einen »duften« Gin ergibt.

Tony Reeman-Clark verlässt gerne einmal gewohnte Pfade und macht sein eigenes Ding. Das sieht man schon an den Brennblasen seiner Strathearn Distillery in Perthshire. Portugiesische Hoga-Stills hat er sich besorgt, und 2013 mit dem Brennen begonnen. Whiskybrenner wollte er sein, doch Gin und Whisky sind Geschwister, die zusammengehören, meint er. Und außerdem bezahlt der Gin die Rechnungen, solange man auf den Whisky warten muss. Die Wartezeit ist zwar mittlerweile vorbei, und der erste Strathearn Whisky kam heraus, dennoch macht er weiterhin mit Begeisterung und Kreativität Gin.

Heather Rose ist nur einer von vielen Strathearn Gins, er ist vermutlich der bekannteste und reizvollste. Das fängt bei der Herstellung an und endet bei der Magie im Glas: Heidekraut und Rosenblütenblätter geben dem Gin seine besondere florale Note und seine rötlich-braune Farbe. Sie werden nicht wie die anderen Botanicals Wacholder, Koriander, Orangen- und Zitronenschale und Süßholz mitgebrannt, sondern dem fertigen Destillat erst hinterher zugesetzt, um Aromen und Farbe im Kaltauszug abzugeben. Am besten genießt man den Heather Rose gekühlt einfach nur pur, meint Reeman-Clark, doch einen magischen Moment erlebt man, wenn man Tonic Water dazugibt, idealerweise Schweppes, aber auch andere Tonics schaffen die Wandlung: Die Farbe des Gins wandelt sich in ein sanftes Pink. Chemiker können sicher eine kluge Erklärung dafür liefern, nur wollen wir die wirklich? An die Magie des Gins zu glauben ist doch viel netter.

www.strathearndistillery.com/heather-rose-gin

33

The Botanist – die hässliche Betty & der wunderschöne Gin

Eigentlich ist die schottische Insel Islay bekannt für ihre stark rauchigen Whiskys. Aber hier entsteht auch einer der bekanntesten und besten schottischen Gins: The Botanist. Völlig ohne Rauch, aber mit viel Feuer.

Der Botanist ist ein echtes Kind der Hebrideninsel. 22 der insgesamt 31 verwendeten Kräuter und Gewürze wachsen hier auf Islay. Labkraut, Ginster oder Weißdornblüten – die florale Seite des Gins ist lokal. Tiefe und Würzigkeit bekommt er vom Wacholder, von Tonkabohne und Kamille; Frische und Fruchtigkeit von Zitronen- und Orangenzesten, aber auch von Waldmeister. Ein ganzer Korb voller Aromen breitet sich im Mund aus, das ist ein runder, intensiver Gin. Destilliert wird er von Leuten, die wissen, wie das geht, denn das Zuhause des Botanist ist die Bruichladdich-Brennerei. Der Gin entsteht aber nicht in den Brennblasen, die den Bruichladdich Whisky, Port Charlotte oder Octomore hervorbringen, sondern in einer alten, kupfernen Lomond-Brennblase, liebevoll »Ugly Betty« genannt. Sie macht ihrem Spitznamen alle Ehre, aber sie bringt einen genialen Gin hervor, der jeden Gin Tonic und Cocktail zu einem Gedicht macht. Einem schottischen. Einem Liebesgedicht.

► **Martini mit Botanist – unbedingt versuchen! Gerührt oder geschüttelt? Interessiert niemanden …**

www.thebotanist.com

Ein kleiner Anteil des Wacholders für den Botanist wächst auf der Insel Islay heran.

Die alte Kupferbrennblase »Ugly Betty« macht ihre Arbeit immer noch zuverlässig und gut.

Vor der Südküste Irlands locken faszinierende Felsen, spielende Delfine und Wale zu Bootsfahrten.
Auf dem Festland sind Brennereien wie die Dingle Distillery ein Anziehungspunkt für Touristen.

Dingle Gin – neuer Gin in alter Tradition

Bei einer Umfrage über die europäischen Länder mit dem stärksten Nationalbewusstsein läge Irland sicher auf den vordersten Plätzen. Unmöglich also, dass ein irischer Gin ohne regionale Besonderheit und heimische Zutaten auskommt!

Nicht alles in Irland ist grün, auch wenn die Tourismusbranche es gerne so darstellt. Der Dingle Gin zumindest ist glasklar und rein wie Quellwasser. Nur im Geschmack, da lassen sich tatsächlich grüne Anklänge entdecken: Frische, grasige Noten, ja sogar leichte Minze und Kiefer, die mit den würzigen Aromen von Wacholder, Koriander und Angelika eine harmonische Verbindung eingehen. Die Auszeichnung »typisch irisch« erhält der Dingle vor allem durch Botanicals wie Vogelbeere, Gagelstrauch, Heidekraut und jenen Zutaten, die von der Brennerei geheimnisvoll als keltisch bezeichnet werden und die nicht verraten werden – vermutlich würde sonst die Magie des Gins verloren gehen …

Erst 2012 wurde die Dingle-Brennerei gebaut, ganz im starken Trend neu entstehender privater Brennereien in Irland. Wie die meisten ist sie langfristig auf Whiskeyproduktion angelegt und startet parallel mit einem Gin, um die jahrelange Wartezeit auf den Whiskey zu überbrücken. Von einem Lückenfüller kann man beim Dingle Gin mit seinem eigenen starken Charakter aber absolut nicht sprechen. Er steht für sich selbst und für die Renaissance irischer Brenntradition.

www.dingledistillery.ie

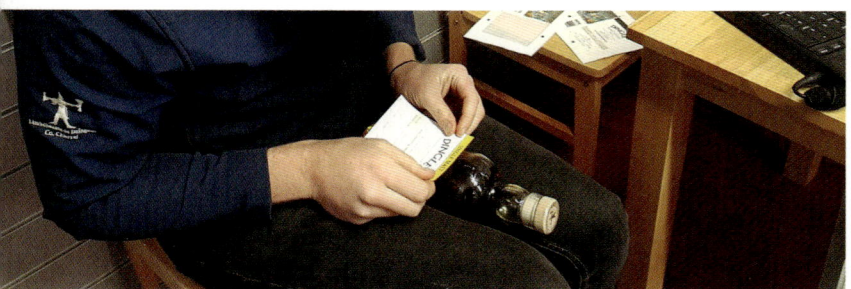

Beim Dingle Gin geschieht alles in Handarbeit, vom Einweichen der Botanicals bis zum Labeln.

Gunpowder Gin – wenn zwei Welten sich begegnen

Teeliebhaber kennen Gunpowder. Der Grüntee wird sehr langsam getrocknet und die Teeblätter rollen sich dabei zu kleinen, festen Kugeln zusammen. Als P. J. Rigney nach Botanicals für seinen Gin suchte, fiel seine Wahl auf den Gunpowder-Tee. Unter anderem jedenfalls, denn auch orientalische Zitrone und Sternanis ergänzten die klassischen Gewürze für einen bewussten exotischen Touch. Um ehrlich zu sein, muss man eingestehen, dass auch die meisten sogenannten klassischen Ginbotanicals exotische Gewürze sind …

Eine Kombination von irischer Brenntradition und orientalischen Gewürzen war Rigneys Ziel und in der Shed Distillery in Drumshanbo machte er sich ans Werk. In kleinen, alten Brennblasen wird destilliert, wobei die meisten Botanicals eingeweicht werden und direkt in die Brennblase kommen, die Gunpowder-Teeblätter aber, und die Zitrusfrüchte (frische Zitronen, Limetten und Grapefruits), auf einem Sieb von den Alkoholdämpfen durchströmt werden. Der Gunpowder Gin, der im Mai 2016 herauskam, hat vor allem eine starke Zitrusnote und auch der Sternanis ist deutlich präsent. Ein Gin für alle, die es intensiv würzig mögen.

www.gunpowdergin.com

Prägendes Element des Gunpowder Gins sind die typischen gerollten Gunpowder Teeblätter.

Berliner Brandstifter – Hauptstadtgin

Jede große Stadt hat ihren eigenen Gin, da darf Berlin doch nicht ginlos zuschauen, dachte sich Vincent Honrodt und hob 2016 den Berliner Brandstifter Gin aus der Taufe. Das Unternehmen Brandstifter hatte er bereits 2009 zusammen mit einem Bekannten gegründet und einen preisgekrönten Kornbrand hergestellt. Dann folgte die Entwicklung des Gins: Regionales Flair sollte er unbedingt verbreiten. Welche Aromen sind Berlin-typisch und sollen die klassischen Botanicals wie Wacholder und Co. ergänzen? Auf jeden Fall schon einmal Waldmeister, befand er. Und Holunderblüten. Malven. Und Gurken. Herangewachsen auf einem Hof in Berlin-Gatow geben sie dem Gin nun sein typisches florales, süßliches Aroma. Auch eine dezente Fruchtigkeit hat der Brandstifter zu bieten, nur wer starke Wacholderwürzigkeit sucht, der sucht vergebens. Hier sind wir eher in der Ecke New Western Dry Gin.

Der Berliner Gin wird nur in kleinen Mengen hergestellt, denn die mögliche Erntemenge der Gatower Kräuter ist natürlich begrenzt. Die Abfüllung der Flaschen erfolgt in Handarbeit und jede wird einzeln nummeriert.

www.berlinerbrandstifter.com

Beim Partner in Berlin-Kaulsdorf wird der Berliner Brandstifter hergestellt und von Hand abgefüllt.

37 Elephant – deutscher Gin für afrikanischen Artenschutz

Ein Gin im Zeichen des Elefanten, mit afrikanischen Gewürzen aromatisiert und in exotisch anmutender Flasche abgefüllt – wer hätte da auf Hamburg als Heimatadresse getippt?

Robin und Tessa Gerlach wie auch Henry Palmer sind leidenschaftliche Afrikareisende und haben über die Jahre hinweg eine große Liebe zur Pflanzen- und Tierwelt dort entwickelt. Vor allem die Elefanten haben es ihnen angetan, die trotz großen Einsatzes von Tierschutzorganisationen noch immer vom Aussterben bedroht sind. Mit der Entwicklung des Elephant Gins erfüllen sich die drei Firmengründer gleich mehrere Wünsche: Sie fangen das besondere Flair afrikanischer Pflanzen und Gewürze ein, geben es mit ihrem Gin weiter und hoffen, dass sich viele von der Faszination Afrikas anstecken lassen. Gewidmet ist ihr Gin dem Kampf um die Erhaltung der Elefanten. Deshalb kommen 15 Prozent der Verkaufserlöse zu gleichen Teilen den Organisationen »Big Life Foundation« in Kenia und »Space for Elephants« in Südafrika zugute.

▶ **Im Gin Tonic unterstreicht ein Apfelschnitz wunderbar die Fruchtaromen**

Über anderthalb Jahre hinweg haben die drei Gin- und Afrikabegeisterten sich über afrikanische Botanicals informiert, sie nach Hamburg geholt und in Vorarbeit in Versuchsbränden auf ihre Eignung hin getestet. Hergestellt wird der Elephant Gin nun in ihrem Auftrag und nach ihrer Rezeptur in kleinen Batches auf dem Gut Schwechow in der Nähe von Hamburg. Baobab-Frucht steuert Zitrusaromen bei, Buchu-Blüten Aromen wie von Johannisbeeren. Löwenschwanz (eine Pflanze, kein Körperteil …) und afrikanischer Wermut sorgen für herbe Aromatik. Dann ist da noch das Sesamgewächs Teufelskralle, aber auch gewohntere Botanicals wie Piment, Apfel und Wacholder. Wer nun jedoch befürchtet, angesichts der exotischen Zutaten den Gin nicht mehr als Gin zu erkennen, der sei beruhigt: Wacholder ist immer noch die Basis, und schöne fruchtige Aromen spielen sehr gut zusammen mit den würzigen Noten. Da kann man nur sagen: Einfach mal probieren!

www.elephant-gin.com

Tessa Gerlachs Herz schlägt nicht nur für Gin, sondern auch für den Schutz von Elefanten.
Afrika in Flaschen – der deutsche Elephant Gin setzt auf exotische Aromen.

Junges Design, fruchtiges Aroma und kontrollierte Qualität haben den Feel! Gin erfolgreich gemacht.

Feel! Munich Dry Gin – frisches, fruchtiges Feeling

Ob Sie ihn nun fühlen möchten oder doch lieber schmecken: Der Münchner Feel! Gin wird sich von einer weichen, trockenen Seite zeigen und eine angenehme Balance zwischen Wacholder- und Zitrusnoten zeigen. Feel! Den! Unterschied! scheint er zu rufen.

Ein kräftiger deutscher Wacholderbrand der alten Schule? Nein, auf keinen Fall, auch wenn der Wacholder seine Rolle feinherb und harzig bestens zu spielen weiß. Feel! ist schon fast ein New Western Dry Gin, der anderen Aromen mindestens so viel Raum lässt wie dem Wacholder. Sein Schöpfer Korbinian Achternbusch hat ein Jahr lang mit Gewürzen und Kräutern experimentiert, bis er das Rezept für seinen Gin zusammen hatte.

Eigentlich sei alles eine »Bieridee« gewesen, beschrieb er es einmal. Nach dem Besuch des Oktoberfestes hatte er Lust auf einen Gin, fand aber keinen, der ihm frisch und fruchtig genug gewesen wäre, um ihn pur zu trinken. Also beschloss er, diese Lücke selbst zu füllen und seinen eigenen Gin zu entwickeln. Dass er dabei keine traditionell-bayrischen Wege beschreitet, macht schon das moderne Design der Flasche deutlich.

Auf biologischen Anbau legt Achternbusch bei der Auswahl seiner Botanicals Wert und produziert den Feel! ganz im Zeichen des Ökosiegels. Wacholder, Blaubeeren, Holunderbeeren, Limetten, Zitronenmelisse, Aroniabeeren, Koriander – das Gesamtpaket stimmt und macht Spaß. Zitrusfrische und leichte Blumigkeit begrüßt in der Nase und lässt dann am Gaumen würzigen und süßen Noten viel Raum. 47 Vol.-% Alkohol? Die merkt man nicht unangenehm beißend oder brennend, ganz im Gegenteil: Der Feel! ist angenehm weich. Die leicht erhöhte Alkoholstärke macht ihn zum idealen Gin für Cocktails und Gin Tonics – München ist schließlich lebendige Bar- und Partystadt. Von Massenware ist der Münchner Gin weit entfernt, denn nach wie vor wird auf Handarbeit gesetzt in Pasing. Von der Qualitätskontrolle der Botanicals durch Achternbusch selbst bis hin zum Labeln der Flaschen.

www.feel-gin.de

Ferdinand's Saar Gin –
Gin und Wein, das ist fein

Was macht das Saarland eigentlich aus? Was hat es, das andere nicht haben? Was kennt man über die Grenzen hinaus? Fragen wie diese gingen Andreas Vallendar, Denis Reinhard und Dorothee Zilliken durch den Kopf, als sie auf der Suche nach einem Konzept, einem Profil für einen neuen Gin waren. Das Saarland sollte man herausschmecken, das war ihre Vision. Er sollte »Terroir« haben. Es dauerte nicht lange, bis sie im Saar-Riesling die Antwort sahen. Anders als einige Gins, die eine Brücke schlagen zum Wein (siehe G-Vine Seite 150), setzt der Ferdinand's bewusst auf Getreidebrand als Ausgangsprodukt und nicht auf Weintrauben. Durch Aromatisierung mit 30 Botanicals wie Wacholder, Koriander, Angelikawurzel, Ingwer, Mandelschalen, Quitte, Lavendel, Zitronenthymian, Schlehe, Hagebutte, Rose oder Hopfenblüten entsteht ein zart würziger, fruchtiger Ausgangsgin, dem dann eine ganz besondere Behandlung zukommt: Er erhält eine kleine Infusion von Saar-Riesling aus der Schiefersteillage Saarburger Rausch. Riesling küsst Gin: Wacholder steichelt sanft den Gaumen, ein kleines pfeffriges Bitzeln entsteht, Zitrusfrische und süß-würzige Aromen breiten sich aus. Weich, cremig, sehr aromatisch ist das Mundgefühl und dann kommt der Auftritt des Rieslings in Form einer fruchtigen Säure im Hintergrund. Das Saarland lässt aromatisch grüßen!

www.saar-gin.de

Die feinen Botanicals werden im Geistkorb behutsam für die Destillation zusammengestellt.

G=in3 – eine Ziegler'sche Gleichung, die aufgeht

Der eine benennt seinen Gin nach seinem Firmennamen, der andere nach dem Entstehungsort. Wieder andere wählen klangvolle Fantasienamen, die sie mit einer netten Geschichte hinterlegen. Dieser heißt weder Ziegler-Gin noch Freudenberg Dry Gin, er setzt mehr auf eine etwas individuelle Anwendung von Mathematikkenntnissen. G=in3 steht für die drei Väter des Gins, die bei einem Barbesuch befanden, die Zeit sei reif für einen eigenen Gin. Die Destillateure Pascal Marré, Max Kirchner sowie Paul Maier tüfteln, testen und entwickeln einen weichen, feinen Gin von großer Reinheit, der den Alkohol sauber einbindet. Nichts beißt, alles schmeichelt. Ein wenig süffig und süß und fruchtig zugleich ist er. Aber trotzdem ist der G=in3 ein klassischer Gin, bei dem der Wacholder sich nicht versteckt und Zitrusnoten schön die Balance halten. Ein Gin, der »Sommerzeit« ruft und Erinnerungen an einen Spaziergang durch Orangenhaine weckt – so man denn einen solchen schon einmal unternommen hat.

www.brennerei-ziegler.de

Teamwork heißt das Zauberwort für Qualität und Erfolg bei der Brennerei Ziegler.

Gansloser Black Gin – nach des Brenners Geschmack

Was macht man als Brennmeister in dritter Generation einer Familienbrennerei wenn unter den Gins, die man kennt, keiner ist, der einem hundertprozentig schmeckt? Man »entwirft« einen, den man dann selbst produziert.

Holger Frey muss wohl ein Liebhaber von zitrus- und wacholderbetonten Gins sein, denn dieses Aromenprofil spiegelt sein Gansloser Black Gin wider, den er genau nach seinem Gusto entwickelt hat. In der schwäbischen Brennerei kennt man sich aus mit Aromen, denn bereits seit 1905 stellt man hier exquisite Obstbrände her. Für den Gin experimentierte Frey mit zahlreichen Kräutern, Gewürzen und Früchten, bis er die Rezeptur schlüssig zusammen hatte: 74 Zutaten sind es schließlich geworden, die sich miteinander so ergänzen, dass sie ein harmonisches Ganzes ergeben. Verraten werden nicht viele davon, nur Wacholder, Zitronen- und Orangenzesten, Koriander, Lorbeeren und Ingwer. In den Vordergrund treten dürfen aber nur Zitrusaromen und Wacholder. Sie sind intensiv wahrzunehmen, wobei der Gin aber zu jeder Zeit mild und weich bleibt.

Neben dem Gansloser Black Gin mit 45 Vol.-% wird auch ein Destiller's Cut (60 Vol.-%) und eine Edition 1905 herausgegeben. Alle limitiert. Und alle in der auffälligen schwarzen Flasche.

www.gansloser-shop.de

Geheimnisvolles und Geistreiches geschieht während der Destillation in der Brennblase.

42 Gin Sieben – Goethe wäre entzückt

Die Zahl Sieben im Namen weist auf sieben verwendete Kräuter hin und der Name der Heimatstadt des Gins verrät Insidern sofort, um welche Kräuter es geht: Gin Sieben kommt nämlich aus Frankfurt am Main.

Es heißt, Goethe habe sie geliebt, die Grüne Soße. Sie gehört auch heute noch zu Frankfurt wie das Radrennen um den Henninger Turm. Auf der Suche nach einer regionalen Prägung für seinen Gin kam Gregor Haslinger sofort diese kalte Kräutersoße in den Sinn. Wer sich als Nicht-Frankfurter outen muss, dem sei kurz geholfen: Kerbel, Petersilie, Kresse, Sauerampfer, Pimpinelle, Borretsch und Schnittlauch sind das Geheimnis der »Grie Soß«. Da in einem Gin natürlich der Wacholder nicht fehlen darf, sind es zwar sieben Kräuter, aber acht Botanicals, die für den Frankfurter Gin Sieben getrennt mazeriert und destilliert werden. Die Destillate werden anschließend geblendet, und genau da liegen das Geheimnis und die Kunst: Das Verhältnis ist entscheidend. So steuern beispielsweise Pimpinelle nussige, Sauerampfer und Kresse frische und Borretsch florale Aromen bei. Mit Schnittlauch sollte man wohl tunlichst vorsichtig umgehen.

▶ **Gin & Tonic »Goethes Reise nach Italien«: Gin Sieben und Schweppes Dry Tonic ins Glas auf Eis, dazu ein Schnitz Tomate und ein Basilikumblatt**

Ausgeklügelt hat Haslinger die passende Rezeptur durch eigenes Experimentieren mit einer kleinen Versuchsbrennblase. Hergestellt wird der Gin Sieben aber in der Destillerie Henrich in Kriftel, ganz in der Nähe von Frankfurt. So bleibt der Gin durch und durch regional, denn die Kräuter kommen natürlich – wie es sich für eine ordentliche Grüne Soße gehört – aus dem Stadtteil Oberrad. Der Grundalkohol basiert auf Getreide, das in der Frankfurter Gegend wächst, und auch das Wasser ist natürlich von hier. Das einzige Zugeständnis, das Haslinger macht, ist der Zukauf des Wacholders. Abgefüllt wird der Gin übrigens mit 49 Vol.-%, ein ungewöhnlich hoher Alkoholgehalt. Da der Gin aber mit der magischen Zahl Sieben spielt, musste das so sein.

www.gin-sieben.de

Ralf und Holger Henrich entlocken den Kräutern beim Brennen die Aromen für den Gin Sieben.

43 Gin Sul – ein Hauch von Mittelmeer

Wenn ein Gin aus Hamburg kommt, wundert es nicht, dass er mit ungewöhnlichen Aromen lockt, denn schon immer waren Gewürze aus aller Welt »normale« Handelsware in der Hafenstadt. Mit einem Gin Sul im Glas fühlt man sich ein klein wenig ans Mittelmeer versetzt: zitrusduftig, feinblumig, ein Hauch mineralisch und harzig.

Wer klare Geradlinigkeit eines klassischen norddeutschen Wacholderbrandes erwartet, wird vom Gin Sul überrascht. Wacholder und typische Ginaromen winken zwar aus dem Hintergrund, doch andere Aromen sind so deutlich präsent, dass dieser mild-weiche Gaumenschmeichler ein wunderbares Beispiel für die junge, aber inoffizielle Ginkategorie »New Western« ist. Süße Lakritze trifft auf betörende Zitrusnoten und blumige, fast parfumige Anklänge. Rosmarin spielt mit Lavendel, Harz mit Zimt und Piment. Um dem Gin Sul seinen ganz eigenen Charakter zu geben, griff die Altonaer Spirituosenmanufaktur neben gewohnten Ginbotanicals zu Labdanum, einem Produkt der Lack-Zistrose, die rund ums Mittelmeer beheimatet ist. Auf Zypern wurde Labdanum der Liebesgöttin Aphrodite geweiht – Gin als Liebestrank?

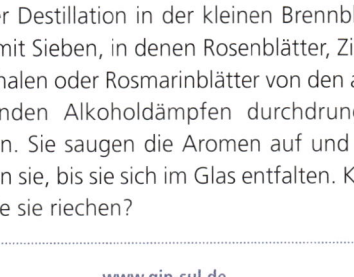

Um die feinen Aromen einiger Botanicals schonend im Gin einzufangen, arbeitet man bei der Destillation in der kleinen Brennblase auch mit Sieben, in denen Rosenblätter, Zitronenschalen oder Rosmarinblätter von den aufsteigenden Alkoholdämpfen durchdrungen werden. Sie saugen die Aromen auf und bewahren sie, bis sie sich im Glas entfalten. Können Sie sie riechen?

www.gin-sul.de

Zistrose wächst im Mittelmeerraum und ist seit Jahrhunderten vor allem als Heilmittel bekannt. Eine Fülle mediterraner Botanicals verleiht dem Gin Sul sein fruchtiges und duftiges Aroma.

Eine Flasche wie aus Stein geschlagen – Granit Gin setzt auf klassische Linien und Regionalität.

Granit Bavarian Dry Gin – weicher Gin und harter Stein

Granit im Namen und Granit am Flaschenhals als Hommage an die bayrische Heimat. Und Heimatbewusstsein wird groß geschrieben im Hause Penninger.

Als Stefan Penninger in den Familienbetrieb einstieg, war der Granit Gin sein Debütprodukt, sein Einstand sozusagen. Natürlich war »Kranewitt«, wie der Wacholder hier heißt, in der Traditionsbrennerei hin und wieder ein Thema gewesen und in den 1950er-Jahren hatte man auch einmal einen Doppelwacholder hergestellt, aber das Thema Gin war neu und gerade »in«. Eine junge Generation ist nachgewachsen, das soll schon deutlich werden. Auf der anderen Seite drückt ein Gin mit lokalen Kräutern gleichzeitig Heimatverbundenheit und das Bewahren traditioneller Werte aus.

Und diese besonderen Kräuter tun ihm gut, dem Penninger-Gin. Melisse, Arnika, Kamille, Bärwurz, Enzian, Angelikawurzel – eine schöne Würzigkeit untermalt den deutlichen Wacholdercharakter. Die verwendeten 28 Botanicals sind zu 100 Prozent bio, betont Stefan Penninger, doch bei allem regionalen Flair ist ihm eine klassische Ausrichtung seines Granit Gins wichtig. Schließlich ist es ein Gin und kein bayerischer Kräuterschnaps. Den macht er übrigens auch, und heimst mit seinem Blutwurz wie auch mit seinem Gin eine Auszeichnung nach der anderen ein. Sehr weich ist er, der Granit Gin, und manch einer meint, das wäre das Ergebnis der besonderen Filterung durch Granitkiesel. Stefan Penninger sieht das etwas pragmatischer. Mit Esoterik oder Voodoo hat das nichts zu tun, meint er – es ist schlicht eine physikalische Filterung wie sie sonst üblicherweise durch Zellulosefilter passiert. Aber eben eine mit regionalem Touch – und das mit überzeugendem Ergebnis.

Was es mit dem Granitstein am Hals jeder Flasche auf sich hat? Zum einen ist das nochmal ein Bezug auf die Regionalität, deshalb auch der Name des Gins. Zum anderen kann man die Steine in den Tiefkühler legen und dann statt Eis im Gin Tonic benutzen. Na ja, und ein toller Hingucker ist so ein Stein ja nicht zuletzt sowieso.

www.granit-gin.de

45 Madame Geneva Gin Rouge – rotschimmernder Glanz

Rotschimmernder Gin – wo gibt's denn sowas? In Deutschland, genauer gesagt in Niedersachsen. Hier stellt die Kreuzritter-Brennerei einen Gin her, dem italienischer Rotwein eine ganz individuelle Note verleiht.

Vielleicht kennt der eine oder andere die Marke Madame Geneva bereits vom ersten Ginprojekt der Kreuzritter: Beim Gin Blanc hatte man sich im Minimalismus versucht und einen Gin mit nur drei Zutaten gewürzt. Wacholder, Koriander und Ingwer kamen zum Einsatz. Der Versuch gelang und der geradlinige, klassische Gin war und ist erfolgreich. Aber dann lockte der Reiz des Gegensätzlichen die Ginmacher, und so entstand als Pendant zur sachlichen Blonden die temperamentvolle Madame Geneva Gin Rouge. Statt zu sparsamen drei Botanicals griff man nun gleich zu 46 Gewürzen, Kräutern und Früchten und schwelgte in den Aromen. Die Farbe und ein Anteil am fruchtigen und herb-würzigen Charakterzug der roten Dame sind aber das Ergebnis einer besonderen feinen Zugabe als Abschluss des Herstellungsprozesses: Edler Rotwein der Rebsorte Primitivo aus Apulien wird zu einem kleinen Prozentsatz dem norddeutschen Destillat hinzugefügt.

Und damit erklärt sich dann auch die für einen Gin äußerst ungewöhnliche Flaschenform, die man sonst eigentlich Weinen zuordnet.

Das Zuhause der Kreuzritter GmbH & Co. KG, die den Madame Geneva Gin Rouge und verschiedene andere Spirituosen produziert, ist das kleine Örtchen Mühlen im niedersächsischen Landkreis Vechta. Reitsportinteressierten dürften bei diesem Namen sofort die Ohren klingeln, denn hier ist auch die Zentrale des Paul-Schockemöhle-Unternehmens. Die spirituösen Kreuzritter haben sich in Mühlen auf einem historischen Bauernhof mit kleiner Wassermühle, dem »Meyerhof«, ein kleines kreatives Reich geschaffen. Und wenn sich ein Mediziner, ein Ernährungswissenschaftler und ein Spirituosenexperte zusammentun, dann kann daraus eigentlich nur etwas für den erstklassigen und anspruchsvollen Genuss entstehen.

www.kreuzritter.net

Idyllisch gelegen ist der historische Meyerhof, auf dem die Kreuzritter GmbH & Co. KG zu Hause ist. Weiß oder rot? Die Frage stellt sich nicht nur beim Wein, sondern auch beim Madame Geneva Gin.

Ein erfolgreiches Duo: Sebastian Otto und Torben Paradiek, die Macher des Niemand Dry Gins.
Ein erfolgreiches Ensemble: Gin und Tonic, hier mit einem Hauch von Zitrone und Lavendel.

Niemand Dry Gin – Spice Boys in flüssiger Mission

Nein, hier kommt kein Wortspiel mit dem Namen. Und auch keine Bemerkung zur blassrosa Flasche. Widmen wir uns einfach dem Gin und seinem Aroma – es lohnt sich nämlich.

Niemand Gin nimmt die Nase mit auf eine Reise durch ein Gewürzparadies: Rosmarin, Sandelholz, Lavendel, Koriander, Zimt, Ingwer, Apfel – der Wacholder klingt im Hintergrund an. Und er ist nicht nur ein Nasenschmeichler, auch im Geschmack kann der Gin punkten und bringt Sandelholz, Wacholder und vor allem den Rosmarin als volle Breitseite. Sie wollen intensive Weihnachtsbäckerei-Gewürze mit floraler Beinote? Bitteschön. Ja, mit Gewürzen kennen sich Sebastian Otto und Torben Paradiek aus, die Macher des Niemand Gins aus Hannover. Sie sind nämlich auch die Väter der »Gin Flights«, kleiner Botanical-Pakete, mit denen jeder seinen Gin Tonic ganz individuell und nach Belieben nacharomatisieren kann. Jetzt haben sie also selbst kräftig in ihre Gewürzkiste gegriffen, sodass beim Niemand Dry Gin wohl niemand ein zusätzliches »Gin Flight« braucht.

▶ **Zum Gin Tonic mit Niemand Dry Gin ein Fever-Tree Mediterranean wählen und einen Schnitz von grünem Apfel hinein.**

www.niemand-gin.de

Botanicals füllen die Brennblase: Niemand Dry Gin steckt voller Aromen.

Alexander Stein hat mit dem Monkey 47 eine moderne deutsche Erfolgsgeschichte geschrieben. Auf dem Landgasthof »Zum wilden Affen« entwickelte Montgomery Collins das Rezept des Gins.

Monkey 47 – eine hocharo-matische Erfolgsgeschichte

Wenn jemand vor zehn Jahren behauptet hätte, dass bald ein Schwarzwälder Gin in einer dunklen Apothekerflasche mit Papierlabel, unüberschaubar großer Zahl an Botanicals, ausgefallenem Aromenprofil und einem total verrückten Namen den internationalen Markt erobern würde – er hätte sich wohl zum Affen gemacht.

Ein hocharomatischer Duft steigt aus dem Glas auf. Zitrusaromen, Menthol, Harz, Wacholder, Lavendel, Salbei, Rose … Vermutlich kann man eine halbe Stunde am Monkey 47 riechen und entdeckt immer wieder neue Nuancen. Genauso ist es mit dem Geschmack des Gins: Die 47 Botanicals, die bei der Herstellung zum Einsatz kommen, scheinen sich alle in Szene setzen zu wollen. Monkey 47 ist ein Gin, den man deswegen liebt – oder gerade deswegen ganz nach hinten ins Regal verbannt. Aber vermutlich ist das wohl das Erfolgsrezept des Schwarzwälder Gins: ein in jeder Hinsicht individuelles Profil.

Als Alexander Stein und Christoph Keller sich 2008 daran machten, ein altes Ginrezept wieder aufleben zu lassen, übernahmen sie aus der damit verknüpften Geschichte auch den ungewöhnlichen Namen für ihr Produkt. Montgomery Collins, der im Zweiten Weltkrieg als Soldat der britischen Royal Air Force im Schwarzwald stationiert war, blieb nach dem Krieg im Ländle und eröffnete einen Gasthof. Den geliebten Gin seiner alten Heimat vermisste er sehr, und so ging er daran, einen eigenen Gin zu entwickeln. Auf diese Weise entstand jenes Rezept, das dem heutigen Monkey 47 zu seinem Erfolg verhalf. Ach so, der Name: Während seiner Dienstzeit war Collins auch in Berlin stationiert gewesen und schloss im dortigen Zoo einen Affen in sein Herz – et voilà!

Anfang 2016 hat das französische Unternehmen Pernod Ricard die Mehrheitsrechte am Monkey 47 erworben und den Gin in sein internationales Spirituosenportfolio integriert, zu dem beispielsweise auch der Beefeater gehört (siehe Gin Nr. 3). Damit änderte sich aber nichts am Produktionsprozess des Monkey 47 oder am Gin selbst.

www.monkey47.com

48 Sears Cutting Edge – scharfe Messer schneiden gut

Diesmal ist es kein besonderes Gewürz, das den Sears Cutting Edge von anderen Gins abhebt, keine Fasslagerung oder individuelle Brenntechnik. Hier wird die spezielle Form der Botanical-Vorbereitung in den Mittelpunkt gerückt: Die werden mit extrem scharfen Messern geschnitten.

Wer je versucht hat, mit einem stumpfen Messer Obst, Gemüse oder Kräuter zu schneiden, der weiß, wie mühsam das ist. Außerdem werden die Lebensmittel dabei mehr zerquetscht als geschnitten. Damit eine derartige Behandlung nicht den Botanicals für den Sears Cutting Edge Gin widerfährt, garantiert das Unternehmen MBG die Verwendung besonders scharfer Klingen. So würden die Aromen bestmöglich nutzbar gemacht. Ob andere Ginunternehmen nicht mit scharfen Messer arbeiten, könnte man versuchen in Erfahrung zu bringen – muss man aber nicht. Wichtig ist eigentlich nur: Die Wacholdernote ist in der Tat intensiv ausgebildet und eine würzige Pfeffrigkeit untermalt das Aroma. Zitrusaromen und florale Noten klingen mit, lassen aber dem Wacholder auch im Nachklang das Regiment. Ein geradliniger, ehrlicher Gin, der mit jedem Tonic unterschiedlich zusammenspielen kann. Gerade für einen Gin-Tonic-Einsteiger, der die Möglichkeiten ausprobieren möchte, also ideal geeignet, noch dazu, da das Preis-Leistungs-Verhältnis des Sears Cutting Edge sehr gut ist.

▶ **Das Tonic Goldberg & Sons des gleichen Herstellers MPG harmoniert ideal mit dem Cutting Edge. Seine sehr fruchtigen und süßen Aromen sind eine sehr gute Ergänzung der eher herben Sears Ginaromatik.**

www.sears-gin.com

Beim patentierten Cutting Edge Process werden die Botanicals mit scharfen Messern geschnitten.

Zitrusaromen und Pfeffer küssen Wacholder – Sears Cutting Edge setzt auf klassische Aromatik.

Die kupferne Brennblase ist der Ort, an dem die wunderbare Wandlung geschieht.

See Gin – mit fruchtigem Profil an die Londoner Spitze

Bei Steinhauser wird schon in der vierten Generation gebrannt. »Alte Bodensee Hausbrennerei und Weinmanufaktur Steinhauser« ist der offizielle Name des Unternehmens, und der verrät, dass Gin-brennen nicht die Hauptbeschäftigung von Martin Steinhauser ist. Aber eine international erfolgreiche.

Erst seit 2013 wird in Kressbronn am Bodensee Gin gebrannt. Wein und Obstbrände sind das eigentliche Metier des Familienbetriebs, und auch ein Whisky kam bereits dazu. Als die Jury des renommiertesten britischen Spiri-tuosenwettbewerbs IWSC den See Gin dann 2014 überraschend zum Sieger in der Kategorie »Bester London Dry Gin« krönte, da war das schon eine kleine Sensation. Ein deutscher Gin gewinnt in der englischen Hauptstadt in der dortigen Königsklasse – Martin Steinhauser wird den Moment der Preis-verleihung wohl nie in seinem Leben vergessen. Und es ist kein klassischer Gin der alten Schule mit geradlinigem Wacholderprofil, den man ehrt, son-dern eine moderne Version mit stärkerer Betonung der Zitrusaromen. Gerade diese fruchtige Ausprägung mit deutlichen Orangen-, Kumquats-, und Pink-Grapefruit-Noten in Verbindung mit stimmiger Würzigkeit von Wacholder, Mandeln, Pfeffer und anderen Aromen ist es, die überzeugt. Trotz 48 Vol.-% Alkoholgehalt ist der See Gin angenehm mild und weich. Und gerade wegen dieser alkoholischen Power ist er zudem ein idealer Gin in Mixdrinks.

www.weinkellerei-steinhauser.com

Wacholderbeeren: auch beim See Gin sind sie das Hauptbotanical.

50 Siegfried Rheinland Dry Gin – Drachentöters Geheimnis 🇩🇪

In Bonn, unweit des Drachenfelsens (Siebengebirge) sind die Rheinland Distillers zu Hause. Dazu lässt sich bestimmt ein passendes und leckeres Konzept stricken, meinten Raphael Vollmar und Gerald Koenen. Und taten es.

Der Held der Nibelungensage heißt Siegfried, seines Zeichens Drachentöter, und verdankt seine Unbesiegbarkeit angeblich einem Bad in Drachenblut. Na ja – seine Fast-Unbesiegbarkeit, denn eine kleine Stelle seiner Haut blieb verletzlich, weil sie von einem Lindenblatt abgedeckt blieb. Pech für ihn, aber Inspiration zur Herstellung des Siegfried Rheinland Dry Gin, von seinen Fans liebevoll »Siggi« genannt. Lindenblätter geben nicht unbedingt viel Aroma ab, deshalb griffen die kreativen Ginschöpfer zu Lindenblüten. 17 weitere Botanicals kamen ins Boot bzw. die Brennblase, die in Lantershofen in der Eifel-Destillerie steht. Hier wird der Siegfried Gin im Auftrag der Rheinland Distillers hergestellt, und erhält seinen Dry-Gin-Charakter mit würziger Wacholdernote, leichten Zitrusaromen und diesen besonderen erdig-floralen Tönen von Lindenblüten, Lavendel und Heublumen. Mit zahlreichen Auszeichnungen wurde der Bonner Gin schon versehen, und eine große Fangemeinde unterstützt ihren Siggi regelmäßig beim Kampf gegen die Drachen. Tonic und viel Eis gegen Drachenfeuer – läuft!

www.siegfriedgin.com

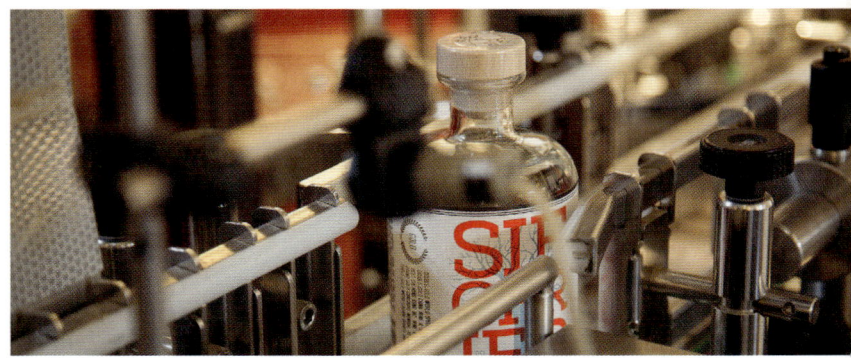

Siegfried Gin wird im Auftrag der Bonner Rheinland Distillers produziert.

Raphael Vollmar und Gerald Koenen sind die Macher des »Siggi«.
Mit Lindenblüten zum Ginruhm: Die Rheinland Distillers setzen auf ein florales Botanical.

Martin Jensen hat gut lachen: Sein Skin Gin ist angekommen in der Szene.

Skin Gin – mit Pfefferminz bin ich dein Gin-Prinz

Ein Gin, der so ganz anders ist. Da ist diese enorme Minzfrische, gepaart mit Zitrusaromen. Das faszinierende lederne Äußere der Flasche lädt nicht nur zum Hingucken ein, sondern ruft: Fühl mich!

Der Wunsch, einen fruchtigen, frischen und etwas anderen Gin als alle anderen zu kreieren, brachte Martin Jensen auf die Idee, marokkanische Minze und viele unterschiedliche Zitrusfrüchte zu verwenden. In Destillateur-Meister Arndt Weßel fand er einen Partner, der mit ihm in seiner Brennerei im Alten Land das passende Rezept austüftelte. Das Projekt ist gelungen. Der frische Skin Gin hat innerhalb kurzer Zeit eine breite Fangemeinde gewonnen. Er wird im Einzelhandel verkauft, an Bars, an deutsche Sternerestaurants und mittlerweile weltweit.

▶ **In einem Gin Tonic kommt der Skin Gin am besten mit einem Thomas Henry oder Fever-Tree Mediterranean zur Geltung. Krönung: ein Zweig Rosmarin und eine Orangenzeste.**

Wacholder ist zwar immer noch das Grundgerüst des weichen, fast öligen Gins, doch aromatisch dominiert schnell die Minze und sorgt für eine enorme Frische. Man hat den Eindruck, die Temperatur im Mund muss fast zum Gefrierpunkt gesunken sein. Unterstützt wird die Frische durch intensive fruchtigen Zitrusaromen, was wohl nicht verwunderlich ist beim Betrachten der Botanicalliste: marokkanische Minze, Zitrusfruchtschalen von Orange, Pink Grapefruit, Limetten und Zitrone, Wacholder und vietnamesischer Koriander. Skin Gin ist ein Blended Gin, der in Handarbeit entsteht: Die Botanicals werden getrennt mazeriert und gebrannt und abschließend zusammengeführt.

Skin Gin heißt übrigens nicht umsonst Skin Gin: Die kunstlederne Haut der exklusiven Flasche, in Handarbeit aufgezogen, ist ein magischer Hingucker und das Markenzeichen des Labels. Es gibt die Flasche in drei verschiedenen Designs. Theoretisch aber in unendlich vielen, denn sie wird sogar nach individuellen Wünschen gefertigt: personalisiert, in gewünschter Farbe, mit eingedrucktem Logo – Skin Gin passend auf die Haut geschneidert sozusagen.

www.skin-gin.com

52 Stobbe Gin – Machandel mit Johannisbeere

Wacholderbrände gehören seit Jahrhunderten zur deutschen Spirituosenlandschaft und seit 1776 zur Geschichte der Familie Stobbe. Uta Stobbe knüpft jetzt daran an und macht den Stobbe Gin. Mit Familienstolz und schwarzer Johannisbeere.

Komplexe, würzige und fruchtige Aromen mit einem floralen Hauch – wollte man den Stobbe Gin in einem knappen Satz beschreiben, wäre das sicher ein guter Versuch. Dass Wacholder weniger dominant ist als in klassischen Gins, passt in eine einzeilige Beschreibung aber nicht mehr hinein.

▶ **GinCass: 2 cl Stobbe Gin und 4 cl Cranberry-Saft mit Eis im Shaker kräftig schütteln, in ein Cocktailglas abseihen und mit 2 Blatt Minze servieren.**

Auch nicht, dass die fruchtigen Aromen sich durch eine feine Säure auszeichnen, die auf schwarze Johannisbeeren zurückzuführen ist. Und dass Bergamotte für diesen blumigen, duftigen Hauch verantwortlich zeichnet. Die würzigen Noten? Ein wenig Pfeffer, ein wenig Anis und Lakritze. Der Stobbe Gin, der den Beinamen »Blackcurrant« trägt, wird als klassischer London Dry Gin hergestellt, folgt aromatisch aber moderneren Pfaden.

Ab 1776 war der Stobbe Machandel, ein Wacholderbrand nach dem Vorbild eines holländischen Rezeptes, von Westpreußen aus gehandelt worden, irgendwann war die Marke Stobbe durch Besitzerwechsel verloren gegangen. 2014 hat Uta Stobbe die Rechte wieder in die Familie zurückgeholt. Das ursprüngliche Machandel-Rezept nahm sie als Basis, gab ihm durch schwarze Johannisbeeren und Bergamotte eine neue geschmackliche Ausrichtung und fand in der Brennerei Marder im Schwarzwald einen Partner zur Herstellung ihres Stobbe Blackcurrant Gins. Er wird bisher in kleinen Chargen erzeugt, aber Uta Stobbe sieht positiv und mit viel Kreativität in die Zukunft. Es gibt mittlerweile auch eine fassgereifte Ausgabe: Stobbe 240 Black Currant 1776 Barrel Dry Gin lagerte 12 Monate im Bourbonfass und ist limitiert. Wenn aus, dann aus. Aber vermutlich hat die innovative Unternehmerin bis dahin eine neue Abfüllung parat.

www.stobbe1776.de

Angekreuzt: Stobbe Gin steht seit kurzem auf dem Einkaufszettel deutscher Ginliebhaber.

53 The Duke Munich Dry Gin – ein Hoch auf den Herzog

Er war einer der ersten Gins der neuen deutschen Ginszene und einer, der das deutsche Banner auch international hoch hält: The Duke, gemacht in München und benannt nach dem Stadtgründer Herzog Heinrich dem Löwen.

Deutliche Zitrusaromen von Orangen, Mandarinen und Limonen vereint mit frischen Wacholder- und Piniennoten: The Duke legt einen beeindruckenden Auftritt hin. Aber er überfällt einen nicht mit Gewalt, sondern mit Eleganz und angenehmem Erscheinungsbild. Durch und durch ein Edelmann eben. Und er hat auch eine feine und blumige Seite zu bieten, der Duke. Wie ein zartes Parfum scheinen Veilchen und Lavendel über allem zu schweben.

Maximilian Schauerte und Daniel Schönecker haben den Duke 2009 aus der Taufe gehoben und produzieren ihn in kleinen Chargen am Rande der großen Stadt. Sie arbeiten biozertifiziert, entsprechend kommen alle Kräuter und Gewürze aus biologischem Anbau. Insgesamt sind es 13, darunter klassische Gewürze wie Wacholder, Koriander, Zitronenschalen und Kubebenpfeffer, aber auch seltenere wie Lavendelblüten und Ingwerwurzel. Und dann sind da im Duke auch sogar Malz und Hopfenblüten – typisch bayerisch eben!

www.theduke-gin.de

Hopfen und Malz: Bayern lässt grüßen bei den Botanicals.

Maximilian Schauerte (Gründer), Marcelo Fernandes (Destillateur), Daniel Schönecker (Gründer).
Die Duke-Brennerei ist in Aschheim bei München zu Hause.

Der Tonka Gin ist bei Bartendern beliebt für charaktervolle Cocktails
Oben »Tonkaccino«, unten »Rosenrausch« – Bestellungen bitte an Herrn Soumikh …

Tonka Gin – mit Vanille-aromen, die keine sind

Ein Gin mit magischen Kräften? Wohl kaum, es sei denn, man betrachtet die Gabe, Vergnügen und Genuss zu bescheren, als Zauberei. Und derart verzaubert werden mit dem Tonka Gin die Freunde vanilliger, cremiger und erdiger Aromen.

23 Zutaten hat der Hamburger Daniel Soumikh in das Rezept für seinen Tonka Gin eingearbeitet, doch wenn es in einem Gespräch oder während einer Tastingrunde um dieses Produkt geht, dann ist fast ausschließlich von der Tonkabohne die Rede. Nicht ganz zu Unrecht, denn sie gibt dem Gin nicht nur ihren Namen, sondern auch diesen ganz besonderen Touch. Ein Aroma von süßer Vanille und eine trockene »Erdigkeit«. Doch auch die anderen Botanicals dürfen nicht unterschlagen werden, denn zunächst sind vor allem würzige Wacholderaromen tonangebend, untermalt von leichten Zitrusaromen und einer pikanten Pfeffrigkeit. Der Gin bietet ein cremiges Mundgefühl, das bald in einen trockenen Nachklang übergeht. Auch wenn der Gin offiziell aus Hamburg kommt, so wird er in der Hansestadt gar nicht hergestellt: Partner für die Herstellung ist die Schwechower Brennerei in Mecklenburg-Vorpommern.

Der Tonka Gin sorgt aber nicht nur durch sein spezielles Aroma für Interesse, sondern auch wegen der Wirkungen, die mit der Tonkabohne in Zusammenhang gebracht werden. Zum einen wird sie gerne als Aphrodisiakum beschrieben. Zum anderen steht sie wegen ihres Cumaringehaltes immer wieder einmal in der Kritik und im Verdacht, Krebs zu erregen. Mittlerweile ist die Tonkabohne aber in der Lebensmittelindustrie als Würzmittel und Duftstoff angekommen und beliebt wegen ihres starken vanilleähnlichen Aromas. Strenge Obergrenzen sorgen dafür, dass der Gehalt an Cumarin in unbedenklichem Rahmen bleibt. Auch beim Tonka Gin ist das ganz klar der Fall, bestätigt Daniel Soumikh.

Von der Herstellung bis zum Labeln der Flaschen: Beim Tonka Gin ist Handarbeit angesagt. Jedes der Etiketten enthält übrigens handgeschriebene Angaben zur Produktions- und Flaschennummer und zum Monat und Jahr des Bottlings.

Wuestefeld Dry Gin – der mit der Aroniabeere tanzt

Die als »Powerbeere« geltende Aronia ist ursprünglich in Nordamerika zu Hause, wird aber seit etlichen Jahren auch in Deutschland kultiviert. Im Eichsfeld beispielsweise. Jetzt raten Sie mal, welches Botanical den Wuestefeld Dry Gin aus dem Eichsfelder Land prägt.

Es gibt Gins, bei denen erklärt sich der Name von selbst. Weil er nach der Stadt heißt, in der er gebrannt wird. Oder nach einem verwendeten besonderen Botanical. Aber Wuestefeld? Der kommt aus Worbis im Landkreis Eichsfeld und wirbt stolz mit der Aroniabeere. Die Lösung ist das verbindende Element zwischen beiden: Carl Wuestefeld. Ursprünglich aus dem Eichsfeld stammend, bereiste er die Welt. Dabei lernte er zum einen die Aroniabeeren kennen, zum anderen den Gin. Für den wahren Genuss ließ er sich die einen zum anderen servieren. Dabei dachte der Reise- und Lebemann bestimmt nicht einmal im Traum daran, dass einst die No. 9 Spirituosenmanufaktur von Bernd Ehbrecht in Zusammenarbeit mit Fred Wuestefeld, Enkel des legendären Carls, seine Vorliebe als Anstoß für dieses wunderbare Ginrezept nehmen würden.

So ist er nun also da, der Wuestefeld Dry Gin mit der Aroniabeere und weiteren 18 Botanicals. Er besticht durch seine klare, klassische Ausrichtung mit diesem besonderen fruchtig-säuerlichen Beerentouch, der sich zu den würzig-herben Wacholdernoten hinzugesellt. Die Aroniabeeren wachsen, wie bereits erwähnt, im Eichsfeld, genauer gesagt im Kloster Gerode. Und im Wuestefeld Gin wachsen sie über sich hinaus.

Im Gin Tonic macht der Wuestefeld eine sehr gute Figur und vermutlich würden sich Aroniabeeren als Garnish anbieten. Die sind aber nicht unbedingt an jeder Ecke zu erhalten, deshalb ein Tipp: Eine Apfelspalte ist eine aromatische Alternative. Schließlich ist der Apfel ja mit der Aroniabeere verwandt. Das glauben Sie nicht? Ist aber so. Die Gattung der Aronia gehört nämlich zu den Kernobstgewächsen, und Aroniabeeren werden auch Apfelbeeren genannt.

www.number-nine.eu

Power in Flaschen: Die Aroniabeere ist die besondere Zutat des Wuestefeld Gins.

56 Bobby's Schiedam Dry Gin – Gruß aus den Niederlanden

Ein niederländischer Gin mit indonesischen Anklängen – Bobby's Gin ist einfach ein wenig anders als viele Gins. Ein Gin, der richtig schön warm macht.

Da fällt sofort das Äußere auf: Bobby's Schiedam Gin kommt in einer Flaschenform daher, als sei er ein Genever oder ein Steinhäger. Doch es ist keine Steingutflasche, sondern eine dunkle Glasflasche mit einem traditionellen indonesischen Muster darauf. Und diese äußere Verbindung von holländisch und indonesisch geht auch beim Inhalt weiter: Niederländische Ginkunst trifft auf indonesische Gewürze – sehr spannend! Warme, würzige Grundnoten kommen einem aus dem Glas entgegen und diese Würzigkeit setzt sich auch im Mund fort. Wacholder, Koriander, Hagebutten und Orangeschale aus Europa, Kubebenpfeffer, Zimt, Nelken und Zitronengras aus Indonesien – trotz der exotischen Einflüsse ist Bobby's eindeutig ein Gin. Aber Pfeffer und Zitronengras sind neben dem Wacholder aromatische Hauptdarsteller im Mund und geben dem Niederländer seine individuelle Note.

▶ **Bobby's Gin in einem Gin Tonic mit Fever-Tree Tonic und viel Eis und dann Orangenzesten und Gewürznelken als Garnish – der Perfect Serve für diesen Niederländer!**

Bobby's Gin geht auf Jacobus Alfons (»Bobby« genannt) zurück. In Indonesien geboren, emigrierte er in den 1950er-Jahren in die Niederlande und begann, seine neu entdeckte Liebe für den Genever mit der für die Gewürze seiner Heimat zu verbinden. Dieses alte Home-Brew-Rezept entdeckte sein Enkel Sebastiaan van Bokkel vor kurzem und fand in der alteingesessenen Herman-Jansen-Brennerei einen perfekten Partner: Bobby's Schiedam Dry Gin kam 2014 auf den Markt.

Neben dem Gin mit 42 Vol.-% Alkoholgehalt (braune Flasche) produziert die Herman-Jansen-Brennerei auch den Bobby's Schiedam Jenever mit 38 Vol.-% (grüne Flasche), bei dem der traditionelle Malzwein zum Einsatz kommt.

www.bobbysdrygin.com

Bobby's Schiedam Dry Gin entsteht in traditioneller Handarbeit.
Ein altes Genever-Rezept für eine junge Generation von Gingenießern.

57

Sylvius Dry Gin – wie alles begann

Ein niederländischer Gin mit dem Namen Sylvius – wer sich ein wenig in der Geschichte des Gins auskennt, erkennt sofort die Botschaft dahinter: Dieser Gin ist eine Hommage an den Arzt und Naturwissenschaftler Franciscus Sylvius, der als Erfinder des Genevers und damit als Urvater des Gins gilt.

Um an die traditionellen Wurzeln des Gins zu erinnern, orientiert man sich am besten an klassischen Aromen. So präsentieren sich auf der Zutatenliste des Sylvius Gins Wacholder, ganze Zitronen, Orangenschale, Koriander, Süßholz, Zimt, Sternanis, Kümmel, Angelikawurzel und Lavendel. Produziert wird in Schiedam in der Destillerie Onder de Boompjes in Handarbeit: vom Vorbereiten der Botanicals über das Mazerieren und Brennen bis hin zum Abfüllen und Labeln. In Schiedam hatte der Arzt Franciscus Sylvius Mitte des 17. Jahrhunderts den Genever als Medizin gegen Magen-Darm-Beschwerden entwickelt. Sein Hauptwirkstoff, der Wacholder, spielt auch beim Sylvius Dry Gin eine wesentliche Rolle und zeigt sich hier auf Augenhöhe mit deutlichen Zitrusaromen. Im Mund macht sich dann schnell ein samtiges, weiches Gefühl breit und Lakritz- und Anisaromen haben ihren Auftritt. Ein weicher, traditioneller Gin, der seinem Genever-Urvater alle Ehre macht. Und seinem berühmten Namensgeber damit auch.

www.sylviusgin.com

Die Brennerei in Schiedam ist die älteste in den Niederlanden und arbeitet bereits seit 1658.
Von Beginn an setzte die Onder-de-Boomjes-Brennerei auf natürliche Zutaten und Handarbeit.

58 Zuidam Dutch Courage Dry Gin – nicht nur für Mutige

Würzig, fruchtig, aromatisch, wärmend und alles handmade – der niederländische Zuidam Dutch Courage Dry Gin ist keine trockene Geschichte, sondern gelebte Tradition.

»Dutch Courage« nannten die englischen Soldaten des 17. Jahrhunderts das holländische Wacholderdestillat, das ihnen in den kalten, feuchten Nächten Trost und Mut zusprach. Auf der alten Tradition des Genevers fußt auch dieser in kleinen Mengen hergestellte Gin der Brennerei Zuidam. Der verleiht heute neben Mut noch viel Genuss durch seine fruchtige und würzige Vielschichtigkeit. Sehr schön zeigt sich der Gin zudem im langen und süßen Finish, das beim Dry Gin nicht auf Zucker zurückzuführen ist, sondern auf Aromen wie Süßholz und Vanille.

Zuidam Distillers starteten ihr kleines Familienunternehmen 1975 mit dem Ziel, handwerkliche Brennkunst zu pflegen. Obwohl die Zahl der Brennblasen mittlerweile von einer auf vier angestiegen ist und die Brennerei sich mittlerweile über 3 600 Quadratmeter erstreckt, so stehen noch immer Handarbeit und hochwertige Rohstoffe im Vordergrund. Neben Gin und Genever werden hier übrigens auch Rum und Whisky produziert.

http://gin.zuidam.eu

Neben Wacholder und würzigen Kräutern bereichern fruchtige Zitrusaromen den Gin.

Patrick van Zuidam setzt die Familientradition fort und widmet sich dem aromatischen Handwerk.

Filliers Dry Gin 28 – reine Familiensache

Auch wenn wir als Heimatland des Gins meist an England denken, so ist die Gintradition in den Niederlanden und Belgien schon viel länger zu Hause, denn der Genever war der Urvater des Gins.

28 Botanicals verdankt der Filliers Dry Gin 28 sowohl den Namen als auch seinen ausgewogenen Geschmack. Angenehm trocken ist er, verfügt über ein klassisches Wacholderprofil, das von fruchtigen Orangennoten und leicht floralen Untertönen ergänzt wird. Die relativ vielen Botanicals machen den Gin aber nicht etwa unruhig, sie sind vielmehr sehr gut aufeinander abgestimmt. Das geht von den typischen Ginbotanicals wie Wacholder, Kardamom, Angelika, Koriander und Ingwer über Lavendel und Enzianwurzeln bis hin zu eher ungewöhnlichen Aromenspendern wie Piment, Orangenblüten, frischen Orangen und Hopfen.

▶ **Ein klassischer Gin, der so wunderbar trocken ist, dass er geradezu danach verlangt, einen Martini dazu zu kredenzen**

Beim Filliers haben wir es mit einem »Small Batch Gin« zu tun, er wird also in kleinen Chargen hergestellt. Zum Einsatz kommen Brennblasen mit 500 bis 1000 Litern Volumen. Auch der Grundalkohol für den Gin wird hier selbst hergestellt, angefangen beim Maischen des Malzes aus Weizen und Roggen.

Bereits Ende des 18. Jahrhunderts gründete die erste Generation der Familie das Unternehmen Filliers, doch erst 1928 schlug die Geburtsstunde des heute so bekannten Gins. Firmin Filliers, Master Distiller in der dritten Generation, komponierte das Rezept, auf dem alle heutigen Filliers-Gins aufbauen. In fünfter Generation brachten 2012 Bernard und Jan Filliers den von ihnen perfektionierten klassischen Filliers Dry Gin 28 neu heraus und produzieren darauf aufbauend mittlerweile auch einen Sloe Gin, einen Barrel Aged Gin, den mediterranen Filliers Tangerine und den besonderen Pine Blossom.

www.filliersdrygin28.com

Die Filliers-Brennerei ist in der Nähe des Ortes Deinze in Flandern zu Hause.
Drei Generationen Filliers vereint: Emile, Louis und Bernard (von links nach rechts)

Ausflugsziel für viele: Betriebsführung und anschließende entspannende Verkostung bei Wilderen. Die Brennanlage stammt aus Deutschland und kann 500 Liter in einem Durchgang verarbeiten.

Double You Gin –  W wie Wilderen

Im belgischen Wilderen ist Brauen und Brennen schon lange Tra-dition. Dass man hier einen Gin herstellt, ist deshalb nicht verwun-derlich. Man setzt auf ein klassisches Aroma, aber auf einen Namen, der etwas aus dem Rahmen fällt: Double You, so wie man auf Eng-lisch das »W« buchstabiert.

Das W steht für Wilderen, den Namen des Ortes und des Herstellers glei-chermaßen. Mit der Bezeichnung »Double You« für den Gin setzte man auf ein Wortspiel und die zwei Gesichter des Gins. Bei dessen Genuss habe man den Eindruck, auf der einen Schulter sitze ein Engel und verwöhne mit feinen, ausgewogenen Aromen, auf der anderen Seite ein Teufel, da dieser Genuss auch Versuchung bedeute und das Verlangen nach mehr anfeuere. So jeden-falls interpretiert Wilderen das Double You und setzt dieses Bild auch grafisch mit Engels- und Teufelsflügel auf dem Flaschenlabel um.

21 Botanicals kommen für den Double Gin zum Einsatz. Wacholder, Ko-riander, Hopfen, Rosenblätter und Süßholz werden genannt, aber die genaue Liste hält man lieber unter Verschluss. Die meisten sind heimische Kräuter, soviel wird verraten, und die setzen sich im Aroma des Double You auch klar durch. Eine klassisch-geradlinige Wacholdernote, die unterstützt wird von Koriander und Süßholz

▶ **Die mitgelieferten Süßholzstengel zum Umrühren und Aromatisieren verwenden.**

prägt den Gin. Ein wenig Frucht, ein Hauch florale Anklänge – ein Gin, der nach einem zitrusfrischen Tonic ruft.

Die Brauerei und Brennerei Wilderen ist auf einem weiträumigen Areal angesiedelt, das bereits seit 1642 eine große Farm mit eigener Brauerei be-herbergte. Seit 1890 wurde auch gebrannt, ab 1913 sogar in großem Stil. Man belieferte viele belgische Ginhersteller mit Neutralalkohol. Der Schlie-ßung 1939 folgte 2011 eine Neueröffnung nach kompletter Renovierung. Neben Gin produziert Wilderen auch Bier, Bierbrand, Genever und Whisky.

www.brouwerijwilderen.be

61

Blue Gin –
viel Wacholder. Viel Gin.

»So etwas will ich auch machen«, dachte Hans Reisetbauer. Vor ihm stand an einer Bar ein Gin Tonic. Er war Landwirt und Brenner aus Leidenschaft, und seine Edelbrände, vor allem die aus Williamsbirnen, waren bereits hoch prämiert. Über Gin wusste er allerdings nicht viel – noch nicht!

Vom Entschluss, sich auch dem Gin zu widmen, bis zum Erscheinen des Blue Gins verging rund ein Jahr. Eine Zeit des intensiven Einlesens in die Materie, des Entwickelns von 56 (!) Rezepten, von denen zum Schluss zwei in die engere Wahl kamen. Unter Einbeziehung von Bartendern wurden sie auf Herz und Nieren und Gin-Tonic- und Cocktailtauglichkeit geprüft. Immer im Vergleich mit anderen Gins. Wenn Reisetbauer etwas anpackt, dann richtig. Sein Gin sollte anders sein. Individuell. Perfekt. Zusammen mit seinem Partner Markus Schenkenfelder brachte er im Frühjahr 2006 schließlich den Blue Gin heraus. 27 Botanicals geben ihm sein Aroma, und das ist kräftig und würzig. 69 Prozent der Botanicals macht der Wacholder aus, 0,5 Prozent Hopfenblüten.

Blue Gin ist kein Gin für Fans von leichten, verspielten Gins, bei denen man sich fragt »Ist das noch ein Gin oder mehr ein aromatisierter Vodka?« Blue Gin ist geradlinig, kräftig, aromenintensiv und präsent. Mix it, Baby!

www.bluegin.cc

Klar, rein und erfrischend. Blue Gin ist Kraft im Glas, der will nicht spielen …

Hans Reisetbauer weiß, was er will, und er macht sein eigenes Ding – seinen eigenen Gin.

62 Gin Alpin – Spaziergang auf Alpenwiesen?

Vom einstigen Kranewitter zum modernen Gin: Auf dem Guglhof hat Anton Vogl ein altes Familienrezept herausgekramt und erfolgreich zum floralen, feinwürzigen Gin Alpin ausgebaut.

Ob es wohl an der Namensgleichheit lag oder einfach nur daran, dass die Zeit reif dafür war? Anton Vogl III. trat 2010 mit der Entwicklung seines Gin Alpin in die Fußstapfen von Anton Vogl II. Der hatte 1930 bereits einen Gin hergestellt, wobei natürlich damals noch niemand von einem Gin sprach. Es war ganz einfach ein Wacholder, im österreichischen Sprachgebrauch auch Kranewitter. Aromatisch ist der Gin Alpin allerdings weit entfernt von einem geradlinigen Wacholderbrand, denn 23 Botanicals machen ihn deutlich vielschichtiger. Vor allem die deutliche florale Ausrichtung ist ein wesentliches Merkmal der modernen Interpretation des Gins. Alpenrosenblüten, Bergminze, Mehlbeeren, Zitronenmelisse, Schwarzbeeren, Enzian, Kamille, Blutwurz – wer hat da nicht die österreichische Alpenlandschaft mit ihren Bergwiesen vor Augen und riecht förmlich das Bouquet von Düften? Im Gin Alpin müssen sich die Aromen freilich ein wenig zurückhalten und Raum lassen für Wacholder, Koriander und Co.

Als älteste Brennerei im Salzburger Land ist die Brennerei Guglhof in einem stattlichen, historischen Gutshaus untergebracht. Historisch heißt aber nicht veraltet: Erst 2004 wurde die Destillerie komplett modernisiert. Edle Fruchtbrände und seit einigen Jahren auch Whisky werden hier gebrannt. Und der Gin Alpin, der gar nicht von Anfang an Gin Alpin war, sondern zunächst als Vir-Gin herauskam. Völlig überraschend trudelte dann aber ein anwaltliches Schreiben ein, in dem man mit einer drohenden namensrechtlichen Millionenklage des Großunternehmens Virgin konfrontiert wurde. Da zog Anton Vogl eine Umbenennung des Gins einem jahrelangen Rechtsstreit vor. Und Gin Alpin passt ja sowieso viel besser.

Neu im Sortiment ist übrigens der limitierte Sloe-Gin Alpin, dem der Saft von Schlehen eine besondere fruchtige und würzige Note verleiht. Der Sloe Gin ergibt nochmal einen ganz anderen, wildbeerigen Gin Tonic.

www.guglhof.at

Der Guglhof bei Nacht. Die ruhige Stimmung weicht am Tag engagierter Geschäftigkeit.
Großvater Anton Vogl hatte das Wacholderbrennen auf dem Guglhof einst begonnen.

Achim Brock, Florian Keller und Thomas Tirmatinger nennen sich selbst »Die Kesselbrüder«. Alles in Handarbeit: Florian Keller setzt auf »Learning by Doing«.

Wien Gin – oder die Drei von der Brennerei

Wien ist nicht nur eine Stadt, Wien ist ein Lebensgefühl. Jedenfalls wenn man die Wiener selbst fragt. Das drückt sich auf mancherlei Art und Weise aus, und seit kurzem zudem in einem Gin. Im Wien Gin natürlich.

Wenn drei waschechte Wiener beschließen, einen Gin zu machen und ihn ihrer Stadt zu widmen, dann ist die Richtung eigentlich vorgegeben. Typisch Wien, das ist nicht streng, nicht klassisch und schon gar nicht hart oder scharf. Wien ist charmant, ist verspielt, hat Schmäh und feinen Stil. Das wollten Florian Keller, Achim Brock und Thomas Tirmatinger ihrem Wien Gin alles in die Wiege legen und sie begannen zu tüfteln. Die »Kesselbrüder«, wie sie sich selbst gerne nennen, erkoren neben Wacholder und Zitrone, Muskat und Süßholz den Holunder zum »Key Botanical« oder einfach »Wien-Botanical«. Florian hatte bei seinem Großvater bereits Vorkenntnisse im Brennen sammeln können. »Learning by Doing«, einige Brennereikurse und das Experimentieren auf einer kleinen Brennanlage bei Florian zu Hause war angesagt, bis sie 2013 ihren Gin herausbrachten. Frisch und frech, eher fruchtig-floral mit Wacholdergrundnote und einem Hauch von Lakritze.

▶ **Für das »Wiener Mädl« Wien Gin mit Fentimans Rose Lemonade auf Eis aufgießen und ein paar rosa Pfefferkörner hineingeben.**

Der Wien Gin kam an und die kleine behelfsmäßige Brennanlage konnte die Nachfrage bald nicht mehr befriedigen. Befreundete Brenner sprangen ein und übernahmen das Herstellen des Gins. Aus den »Kesselbrüdern« wurden »Kuckucksbrenner«. Übrigens ist nicht nur der Gin selbst Wien-typisch geprägt, sondern auch das Design der Flasche. Das aufwändig und kunstvoll gestaltete Etikett spiegelt den Jugendstil wider, der Wiens Stadtbild noch immer maßgeblich prägt.

www.kesselbrueder.com

64 Arctic Velvet – arktisch weich

Bei diesem Schweizer Gin liegt der Fokus nicht auf den Besonderheiten verwendeter Kräuter und Gewürze. Auch nicht auf einem anderen lokalen Akzent – ganz im Gegenteil. Weit gereistes Wasser spielt bei der Herstellung eine Rolle und dessen unvergleichliche Weichheit.

Gin wird nicht in der Alkoholstärke abgefüllt, mit der er aus der Brennblase tropft. Bevor er in die Flaschen kommt, wird er auf eine normale oder manchmal auch erhöhte Trinkstärke heruntverdünnt. Womit? Mit Wasser natürlich. Mit natürlichem Wasser. Quellwasser oder Leitungswasser – manchmal erfahren wir es, wenn die Marketingabteilung die Reinheit des Quellwassers in den Mittelpunkt stellt, aber meistens wird es nicht besonders erwähnt. Beim Arctic Velvet ist das komplett anders. Die Schweizer Firma ThoCon AG stellt Spirituosen mit arktischem Quellwasser aus dem weit entfernten Grönland her.

▶ **Arctic Velvet, eiskalt gemixt als Gin Sour: 5 cl Gin, 3 cl Zitronensaft und 2 cl Zuckersirup auf Eis, dann etwas Soda angießen.**

Seit 2001 ist Wasser ein grönländisches Exportgut. Geregelt wurde das in einem speziellen »Ice and Water Exportation Act«. Das Schweizer Unternehmen Greenland Springwater AG hat seit einigen Jahren die Rechte für die kommerzielle Nutzung einer Wasserquelle auf der Diskoinsel vor der Westküste Grönlands erworben. Ein minimaler Teil davon wird also nun für den Arctic Velvet verwendet, und das macht ihn besonders weich. Das liegt an dem hohen ph-Wert des Wassers von 9,38 – es ist also sehr basisch, sehr mineralstoffarm und hat einen deutschen Wasserhärtegrad von unter 1. Seine Aromen bezieht der Arctic Velvet von 24 Botanicals von Wacholder über Koriander und Kreuzkümmel bis zu Muskatnuss. Der feine, reine Gin bietet neben der Wacholdernote eine würzige Grundstimmung und feine, florale Aromen.

www.arctic-velvet.com

Arctic Velvet setzt auf besonders weiches und mineralstoffarmes Wasser aus Grönland.

Der Clouds Gin entstammt der Brennblase der Schweizer Brennerei Humbel.
Frische Kräuter für frische Aromen: Man legt Wert auf bio-zertifizierte Qualität.

Clouds Gin – wer hat's erfunden?

Von der Schweiz aus ist es nicht weit bis in mediterrane Gefilde – im Clouds Gin spiegelt sich das wunderbar wider. In ihm vereinen sich Schweizer Destillationskunst und Aromen von Thymian, Salbei und Zitrusfrüchten, sodass man sich beim Genuss mit geschlossenen Augen fast ans Mittelmeer versetzt fühlt.

Seinen Namen verdankt der Clouds Gin weder Trübungen im Glas noch der Befürchtung (oder dem Wunsch …), er könne die Sinne benebeln. Es ist viel einfacher: Der Clouds Gin wurde von der Züricher Clouds Bar in Zusammenarbeit mit einer Brennerei im Aargau entwickelt. Seit 2011 thront die edle Bar im Prime Tower, dem höchsten Gebäude der Schweiz, und seit April 2013 hat sie nicht nur eine fantastische Aussicht, sondern auch einen ebenso fantastischen hauseigenen Gin zu bieten.

Als der damalige Barchef Andreas Kloke sich mit dem Brenner Lorenz Humbel an die Entwicklung eines eigenen Gins machte, waren der Wacholder als gintypisches Botanical und die Kirsche als Brennerei-Humbel-Spezialität gesetzt. Kardamom, Thymian, Salbei, Orangen und Zitronen gesellten sich hinzu und machen den Clouds zu einem angenehm zitrus-fruchtigen und zugleich würzigen Gin. Der Wacholder schwingt mit, ist aber nicht dominant. Ein Gin, der im Gin Tonic ebenso wie pur eine super Figur macht.

Neben diesem klassischen Clouds Gin mit 43 Vol.-% Alkohol sind übrigens bereits zwei limitierte Sondereditionen mit höherem Alkoholgehalt und einer stärkeren Kräuternote erschienen.

▶ **Versuchen Sie als perfekten Begleiter für einen Gin Tonic unbedingt einmal das Fever-Tree Mediterranean mit einem Salbeiblatt als Garnish!**

Lorenz Humbel legt übrigens nicht nur großen Wert auf heimische Zutaten, er arbeitet in seiner Familienbrennerei zudem bio-zertifiziert. Der Clouds Gin ist dementsprechend ein absolutes Premiumprodukt, das durchaus seinen Preis hat – ihn aber auch bis zum letzten Cent wert ist.

www.humbel.ch

Nginious! Swiss Blended Gin – Schweizer Kräuter pur

Typische Schweizer Aromen präsentiert der nginious! Gin. Damit sind weder Käse noch Schoki gemeint, sondern die zahlreichen Kräuter, die auf Schweizer Wiesen und an Berghängen so prächtig gedeihen. Und darum ist die Schweiz eigentlich ein Ginland par excellence. Dachte sich auch der Deutsche Oliver Ullrich.

Rotklee, Berberitze, Heublumen, Goldmelisse, Verveine, Ysop, Galgant – es sind viele ungewöhnliche Botanicals, die sich zum Wacholder und anderen klassischen Gewürzen hinzugesellt haben. Doch es sind Kräuter, die in der Schweiz heimisch sind und Oliver Ullrichs Ziel war es, einen Gin zu schaffen, den jeder als *den* typischen Schweizer Gin ansah. Und es ist ein ungewöhnlicher Weg, den der Mitbegründer der Züricher 4 Tiere Bar bei der Herstellung seines nginious! gewählt hat. Er sieht in einer differenzierten Verwendung seiner insgesamt 18 Gewürze und Kräuter eine ideale Möglichkeit, ihre Aromen zu kombinieren. Was heißt das ganz praktisch? Die Botanicals werden in vier Gruppen zusammengestellt und in vier unterschiedlichen Chargen gebrannt. Diese vier erhaltenen Destillate werden dann zum nginious! In unterschiedlichen Verhältnissen zusammengeführt. Geblendet also – daher der Name des Schweizer Gins. Maximal 100 Liter umfasst jedes Batch. Die Herstellung geschieht übrigens in der Brennerei von Hans Erismann in Eschenmosen unweit von Zürich.

Zum klassischen nginious! Swiss Blended Gin haben sich auch andere aromatische Ausrichtungen hinzugesellt. Nginious! Cocchi Vermouth Cask Finish beispielsweise oder der Smoked & Salted. Die Namen sind hier geschmackliches Programm.

Ungewöhnlich ist auch die Flaschenform des nginious! und das besondere Design der Abfüllungen mit edlen Lederbezügen.

Oliver Ullrichs nächstes Ziel ist der Bau einer eigenen Brennerei für den nginious! Über ein Crowdfunding-Projekt soll die Liquid Spirit Distillery in Basel realisiert werden.

www.nginious.ch

Die typische Flaschenform verschafft dem nginious! einen ganz besonderen Wiedererkennungswert. Das Team um Oliver Ullrich schaut äußerst positiv in die Zukunft.

67

Ojo de Agua – argentinische Sonne in Schweizer Gin

Wenn ein Tausendsassa wie der Musiker, Aktionskünstler und Farmer Dieter Meier beschließt, einen Gin zu kreieren, dann kann es nur etwas ganz Besonderes und Außergewöhnliches sein: Der Ojo de Agua spiegelt die Verbundenheit des Schweizers mit seiner zweiten Heimat Argentinien wider.

Im Ansatz ist auch der Ojo de Agua ein Gin wie andere: Ein Getreidebrand, der mit Wacholder, Koriander, Zitronen und anderen Zutaten aromatisiert und zum Gin gemacht wurde. Soweit so gut. Doch wo andere aufhören und ihr Produkt in Flaschen füllen, fängt Dieter Meier erst an: Gemeinsam mit zwei Partnern aus der Spirituosenbranche hat er ein Rezept entwickelt, das aus diesem Gin einen – nun ja, einen anderen Gin macht. Einen Gin mit herb-fruchtiger Note, die den würzigen Grundcharakter untermalt und ausbaut. Und die verdankt der Ojo de Agua einer innigen Beziehung des Ginschöpfers zu Argentinien, wo er nicht nur Rinder züchtet, sondern auch Rotwein und Brombeeren anbaut und daraus Weinbrand und Brombeergeist destilliert. Und eben diese beiden Spirituosen werden mit dem Wacholderbrand vermählt. Das gewählte Verhältnis lässt den Gin eindeutig die Oberhand behalten, den herb-fruchtigen Wein- und Brombeercharakter aber prägend durchschimmern.

Gebrannt wird der Ojo de Agua im Berner Seenland. Dieter Meier hat mit Oliver Matter von der Familienbrennerei Matter-Luginbühl in Kallnach einen engagierten Destillateur gefunden, der seine Vorstellungen des Gins realisierte. Matter experimentierte mit verschiedenen Kräutern und den Meier'schen Brombeeren und stellte verschiedene Ginprototypen her, bis das Erfolgsrezept gefunden war.

Ein Gin Tonic mit Ojo de Agua trinkt sich am stilvollsten ganz klar aus einem dickbauchigen Rotweinglas. Und wer zufällig ein paar vollreife Brombeeren zur Hand hat, der sollte nicht zögern, sie als i-Tüpfelchen hineinzugeben.

www.ojodeagua.ch

Ein Bild der argentinischen Ojo-de-Agua-Farm ziert das Label des gleichnamigen Gins.

68 Tschin Gin – Schweizer Kirschblüten

Ein von Hand gepinseltes Label? Die ungewöhnliche Tschin-Flasche mit dem bunten Schriftzug »Tschin« fällt auf. Von Hand geschöpftes Papier wird für dieses Etikett verwendet. Ganz in Handarbeit entsteht auch der Tschin Gin selbst.

Das (ja, die Schweizer sagen »das«) Kanton Aargau ist bekannt für seine vielen Sonnentage und so sind hier auch viele Obstbauern ansässig. Im Fricktal, dem Zuhause von Ruedi Käser, wachsen beispielsweise viele Kirschbäume. Als Käser beschloss, mit dem in den Fricktaler Wäldern heimischen Wacholder, hier Reckholder genannt, einen Gin herzustellen, war die Wahl von Kirschblüten als eines der Botanicals für ihn nahe liegend. Andere lokale Zutaten wie Waldmeister und Waldbeeren gesellten sich zu den klassischen Ginbotanicals hinzu, und fertig war das Rezept für einen floral-fruchtigen Gin. Cremig ist er im Mund, und man meint, auch Lavendel herauszuschmecken. Ein wenig Zitrusaroma. Ein wenig Eukalyptusfrische. Und irgendwie tanzt da auch auf ein wenig Pfeffer auf der Zunge herum. Zum Schweizer Gin vielleicht einmal ein Schweizer Tonic Water? Das Gents ist leicht und lässt den floralen Aromen des Tschin genug Raum. Alternativ ist auch ein Thomas Henry Cherry Blossom eine feine Ergänzung der Tschin-Kirschenblüten.

www.kaesers-schloss.ch

Jedes Etikett ein Unikat: Handgeschöpftes Papier und Pinselarbeit zeichnen den Tschin Gin aus. Mittlerweile betreiben Ruedi Käsers Söhne Michael und Raphael die Brennerei auf »Käsers Schloss«.

Der Hof »Käsers Schloss« liegt in Elfingen im Fricktal und ist seit fünf Generationen in Familienbesitz.

Das Team Turicum: Oscar Martin, Philip Angst, Oliver Honegger, Merlin Kofler
Ohne Botanicals geht es nicht beim Gin. Ein Dutzend ist es beim Turicum.

Turicum – kleine Zürcher Geschichtsstunde

Die Schweizer haben den Gin nicht erfunden, aber sie geben ihm eine ganz eigene regionale Note. »Us Züri für Züri« wird dieser London Dry Gin von seinen Machern beworben. Im Herzen von Zürich wird er noch immer hergestellt – aber längst hat der kräftig aromatische Turicum die Grenzen der Stadt hinter sich gelassen.

Zwölf Botanicals werden bei der Herstellung des kräftigen, geradlinigen Gins verwendet. Elf davon verrät der Hersteller aber nur: Blauer Wacholder, Lindenblüten vom Lindenhof, Tannensprossen aus Züricher Wäldern, Angelika, Koriandersamen, Pfeffer aus Madagaskar, Orangenblüten, Süßholz, Hagenbutten aus heimischem Garten, frische Zitronen- und Orangenschalen. Und dann ist da noch eine geheime Zutat, die nicht verraten wird – sonst wäre sie ja nicht mehr geheim …

▶ **Züri Mule: 5cl Turicum Gin, 2cl frischer Limettensaft, 1cl Zuckersirup mit Ginger Beer auffüllen. Zum Zürcher Gin ganz nationaltreu Thomas Henry Ginger Spicy.**

Das Steinzeug ist bewusst gewählt, um den historischen Charakter zu unterstreichen, den man dem Zürcher Gin schon durch die Namensgebung verliehen hat. Turicum ist der Name der alten römischen Siedlung, die im Herzen von Zürich um den Lindenhof herum angesiedelt war. Gin haben die alten Römer wohl noch nicht getrunken. Wer weiß, vielleicht wäre sonst das Weltreich nicht untergegangen?

www.turicum-gin.ch

Xellent Swiss Edelweiss Gin
– die Schweiz im Ginglas

Schweizer Gin aus Schweizer Kräutern: In Willisau setzt man mehr auf regionalen, individuellen Charakter als auf ein klassisches Wacholderprofil. Das Edelweiß trägt der Gin daher nicht nur im Namen.

In der Diwisa Distillerie in Willisau weiß man, dass ein guter Gin auch eine gute Basis braucht. Also verlässt man sich am besten vom Anfang bis zum Ende auf die eigene Produktion und nutzt als Basis für den Xellent Gin den eigenen Xellent Vodka. Er wird in der modernen, großen Brennerei aus Roggen erzeugt. Regionale Botanicals wie Edelweiß, Lavendel, Zitronenmelisse, Waldmeister und Holunderblüten verleihen diesem Schweizer Gin einen besonderen Kräutercharakter und lassen den gintypischen Wacholder einen deutlichen Schritt zurücktreten. Eine Bergwiese im Frühling kommt einem da in den Sinn. Dazu passt dann wunderbar, dass Gletscherwasser aus 3 000 Metern Höhe zum Verdünnen auf Trinkstärke benutzt wird und dem Gin als letzten Schliff eine große Reinheit verleiht.

www.xellent.ch

Brennmeister Franz Huber bei der Qualitätskontrolle der duftigen Zitronenmelisse

Sind die Aromen der Kräuter perfekt im Gin eingefangen? Hubers Nase überprüft auch das.
Waldmeister wächst im Wald – und im Gin kommt er zur Vollendung.

7D Essential – spanischer Sommergruß

Spanien lässt grüßen mit Zitrusaromen und mediterranen Kräutern. Der 7D Essential erfrischt im sommerlichen Gin Tonic und macht sich als Dry Gin auch sehr gut in vielerlei Cocktails.

Die meisten Ginhersteller gehen sehr offen mit ihrer Zutatenliste um, nicht so die Hersteller des 7D Essential Gins: Die verwendeten Botanicals bleiben Firmengeheimnis. Nicht aber das Ergebnis, denn der Geschmack des Gins spricht eine unmissverständliche Sprache. Wacholder stellt sich vor und die deutlichen Zitrusaromen weisen auf Zitrone hin und vor allem auch auf Orange. Eine frische Minznote, Thymian, Lavendel, Zimt und Koriander prägen den Gin, der getrost als mediterran charakterisiert werden kann.

Seinen Namen verdankt der 7D Essential übrigens seinem Herstellungsverfahren. Sieben Brennvorgänge durchläuft er insgesamt. Die ersten fünf dienen der Herstellung eines reinen, feinen Neutralalkohols in dem danach die (geheimen) Botanicals mazeriert werden, bevor die letzten beiden Brände folgen.

www.comercialtello.com

Botanic Ultra Premium – wenn Buddha Spanien bereist

In absolut extravagantem Style präsentiert sich die Flasche dieses spanischen Gins. Eckig, tiefblau und mit Buddha verziert. Aber auch der Gin selbst stellt eine ungewöhnliche Symbiose dar.

Aus England wird der Ausgangsalkohol nach Spanien importiert, wo er durch klassische, aber auch einige sehr ungewöhnliche Aromen in einen leichten, trockenen Gin verwandelt wird. Und da kommt eine feine exotische Note ins Spiel: Mandarinen, Mango, Zimt und Mandeln beispielsweise und vor allem Buddhas Hand, eine bizarr aussehende Zitrusfrucht. Ein frisch-fruchtiger, leichter Gin ist das Resultat, verpackt in einer äußerst exklusiven Flasche, die ein wenig an einen Parfumflakon erinnert. Abgebildet darauf ist aber nicht Buddhas Hand, sondern Buddhas Kopf. Warum? Na ja, vermutlich hätte wohl niemand die Hand erkannt …

Diese »Ultra«-Version ist mit 45 Vol.-% eine kraftvollere Variante des Botanic London Dry Gins, die ihn zum geradezu idealen Mixpartner machen.

www.ginbotanic.com

Mallorca mal anders: Hier wird kein Urlaub gemacht, hier werden Kräuter für den Gin Eva gesammelt. Paul, Stefan und Eva und die Brennblase sind ein eingespieltes Team.

Gin Eva – Versuchung auf mallorquinisch

Wenn es einen deutschen Weinbauern und seine spanische Frau nach Mallorca verschlägt, dann manchen sie dort – Gin! Geprägt von Gewürzen der Insel wird der Gin Eva im Glas zu einem Aromenbad für die Sinne.

Auf die Insel Mallorca kamen Stefan Winterling und Eva Maier Gómez vor fünf Jahren um in die aufstrebende Weinbauszene der Insel einzusteigen. Sie hatten sich bei ihrem Weinbaustudium in Geisenheim kennen und lieben gelernt, Stefan, der Deutsche, und Eva, die Spanierin. Wie sie dann zum Gin kamen? »Bei Gin reizt uns die Freiheit. Gin lässt dir wesentlich mehr Spielraum neue Rezepte zu kreieren. Wein hingegen kann man nur einmal im Jahr machen und dann ist man noch dazu von unheimlich vielen Faktoren abhängig. Kein Jahr gleicht dem anderen – wobei darin natürlich auch der Reiz liegt. Aber Gin ist genauso komplex und spannend wie Wein und dabei viel umgänglicher«, meinte Eva einmal in einem Interview. Zudem kommt man in Spanien als In-Land des Gin Tonics sowieso nicht an Gin vorbei. Wie der

▶ **Bronx Eva:** 4 cl Gin Eva, 2 cl Vermouth Dry, 2 cl Vermouth Rosso, 4 cl frisch gepresster Orangensaft in einem Shaker mit Eis schütteln und in ein Cocktailglas abseihen. Orangenzeste als Deko.

Wein vom Terroir geprägt wird, so erhält auch der Gin Eva eine regionale Note durch einheimische Botanicals. Selbst gepflückte Wacholderbeeren aus den Dünen von Es Trenc zum Beispiel, die den Wacholder aus dem Piemont ergänzen, Bitterkamille »Manzanilla de Mahon« aus Menorca, Pomelos, Bitterorangen, Zitronen. Und klassische Gingewürze wie Engelwurz, Kassia, Koriander, Lavendel und Co.

Daraus entsteht in ihrer kleinen Brennerei in Llucmajor in Handarbeit ein mundfüllender, cremiger und sehr würziger Gin. Die Aromenbandbreite reicht von Orangen über Zimt, Nüsse, Röstaromen und Süßholz bis zu Kardamom und Fenchel. Was beim Gin Eva schüchtern in den Hintergrund tritt, sind die Wacholderaromen – dieser Gin ist definitiv nicht gemacht für Liebhaber kräftiger Wacholderbrände.

www.gin-eva.com

Gin Mare – komm mit ans blaue Meer …

Griechischer Rosmarin, türkischer Thymian, italienisches Basilikum, spanische Oliven – bei dieser Botanicalliste ist klar, warum der Gin Mare nicht anders heißen kann als Gin Mare, oder?

In einem kleinen katalanischen Fischerdorf entsteht der Gin, dessen ungewöhnliche Flasche in Meeresblau alleine schon zum Kauf reizt. Und der Gin hält, was Flasche und Botanicalliste versprechen: »Mediterran« ist das Zauberwort, das Duft und Aroma am besten umschreibt. Wacholder und Zitrusnoten sind zwar das erste, was man wahrnimmt, aber dann macht sich sofort der Rosmarin bemerkbar. Andere Kräuter, Gewürze und ein Hauch von Oliven begleiten ihn, doch bis in den langen Nachklang hinein ist es der Rosmarin, der einen gefangen nimmt.

Passt ein so außergewöhnlicher Gin zu einem Gin Tonic? Ein eindeutiges Ja! Und beim Gin Mare zeigt sich wie bei kaum einem anderen Gin, wie unterschiedlich ein Gin Tonic sich durch die Wahl des Tonics gestalten lässt.

> **Ein Martini wird mit einem Gin Mare zu einem wahren Rosmarin-Gedicht!**

Ein starkes, zitrusbetontes Tonic wie Schweppes oder Indi Tonic verstärkt den herben Charakter des Getränkes, ein leichtes wie das 1724 und auch ein Thomas Henry lassen dem herbalen Charakter des Mare auch im Gin Tonic viel Raum. Warum nicht ein bisschen experimentieren und einfach einmal verschiedene Kombinationen durchprobieren?

www.ginmare.com

Mediterrane Kräuter und Zitrusfrüchte geben dem Gin Mare seinen typischen Charakter.

Eine unverwechselbare Flasche für einen unverwechselbaren Gin.
Viele, viele bunte Kräuter und Früchte und Gewürze – und alles steckt in einer einzigen Flasche.

Jodhpur Reserve Gin – Lagerung für cremiges Karamell

Die hellgelbe Farbe lässt ahnen, was den Jodhpur Reserve Gin von den meisten anderen Gins und auch von seinem Bruder, dem klassischen Jodhpur Dry Gin, unterscheidet: Er wurde nach der Destillation zur Reifung in Eichenfässern gelagert.

Zwei Jahre ruhte der Jodhpur Reserve Gin bis er in die Flasche durfte. Nicht in frischen Fässern, denn dann hätten die intensiven Holzaromen die aromatische Grundtextur zu stark überlagert. Nein, es waren Ex-Brandy-Fässer aus amerikanischer Eiche. Ex-Brandy – das verrät uns die spanische Herkunft des Jodhpur. Zwar wird der Gin in England hergestellt, doch das Unternehmen Beveland Distillers holt ihn dann zum Lagern und Abfüllen nach Spanien.

▶ **Fassgelagerter Gin verdient es, pur getrunken zu werden: sowas von aromatisch!**

Der klassische Jodhpur London Dry Gin erhält seinen geschmacklichen Charakter durch 13 Botanicals, unter anderem Wacholder, Zitrone, Orange, Grapefruit, Süßholz, Engelwurz, Bittermandeln, Veilchenwurzel, Ingwer und Koriander. Die für Jodhpur charakteristischen Wacholder, Zitrus- und erdigen Lakritzaromen setzen sich beim Jodhpur Reserve auch nach der Fassreifung durch, aber hier entstehen auch Vanille- und Karamellnoten, die vor allem in der Nase deutlich wahrnehmbar sind. Im Mund zaubert er ein weiches, cremiges Gefühl.

Bleibt noch die Frage, warum der Jodhpur denn Jodhpur heißt, wenn er doch aus Spanien kommt. Jodhpur ist eine indische Stadt, und die dort früher stationierten britischen Kolonialtruppen haben sich zum Schutz vor Malaria kräftig mit Chinin versorgt. Des besseren Geschmacks wegen wurde es in Gin aufgelöst. Jodhpur wird wegen der Farbe vieler ihrer Häuser auch die »blaue Stadt« genannt und zudem heißt es, die Farbe Blau halte Moskitos fern. Ob es stimmt? Nun ja, zumindest ist es eine gute Erklärung für die Farbe der Jodhpur-Dry-Gin-Flasche …

www.beveland.com

Unterschiedliche Gins gleicher Herkunft: Jodhpur Dry Gin und Jodhpur Reserve Gin

Man nehme die Sonne von Ibiza, die duftigen Früchte und würzigen Aromen der Mittelmeerinsel, mische alles mit dem Lebensgefühl von Freiheit und Unbeschwertheit und setze auf liebevolle Handarbeit – heraus kommt ein verführerischer Gin der Extraklasse.

Aus dem Glas strömen fruchtige, süße Aromen, die untermalt werden von Wacholder, von Koriander und von würzigen, erdigen Noten. Im Mund entfalten sie sich, aber dann: Auftritt für die Kaktusfeige! Und wenn es ein wenig bitzelt auf der Zunge hat man die Piementos entdeckt. Doch insgesamt ist es ein geschmeidiges, fast cremiges Mundgefühl, das der fruchtige Gin von Ibiza beschert. Trotz seiner 44 Vol.-% ist er sehr weich und mild. Ein idealer Gin für den Genuss pur. Und zum Schwärmen.

▶ **Gin Tonic mit LAW Gin bekommt einen würzigen Kick mit einer Zitronenzeste und ein paar Scheibchen Piementos. Greifen Sie bei Nichtverfügbarkeit alternativ einfach zur roten Chili. Aber vorsichtig: Weniger ist hier meist mehr ...**

LAW ist das Kind dreier Deutscher, die in Ibiza ihre Wahlheimat fanden. Luna, Alexander und Wolfgang entwickelten die Rezeptur ihres Gins gemeinsam, ernten und verarbeiten die regionalen Botanicals selbst und brennen ihn auf kleinen kupfernen Brennblasen, sogenannten Alambics, Auch die Abfüllung erledigen sie selbst in Handarbeit.

Die Liste der Botanicals liest sich wie ein Einkaufszettel für einen Markt auf Ibiza: zweierlei Wacholder, Kaktusfeigen, frische Orangen- und Zitronenschalen, Piementos de Padron (eine kleine, scharfe Paprikasorte), Iriswurzel, spanische Gurke, grüner Kardamom, Koriandersamen und Salz der Salinen Ibizas. Der »Gemeine Wacholder« wird übrigens mit den anderen Botanicals mazeriert und destilliert, während der Phönizische Wacholder dem LAW Gin seinen Stempel aufhaucht, indem das fertige Destillat darüberlaufen darf.

Der Name LAW steht natürlich für die Anfangsbuchstaben der drei Macher, aber gleichzeitig für die Freiheit von Ibiza: Hier kannst du sein und leben und denken wie es dir gefällt – solange du es auch jedem anderen zugestehst.

www.law-gin.com

Das LAW-Team: Luna und Alexander von Eisenhart-Rothe, Wolfgang Lettner (von links nach rechts)
LAW Gin gibt es in kleinen und großen Flaschen, aber beide sind immer schnell leer …

Hier trifft trifft Meer auf Strand, Sommerwind und auf galicischen Nordés Gin.

Nordés Atlantic Galician Gin
– spanischer Sommerhauch

*Er ist nach einem Wind an der spanischen Atlantikküste benannt,
doch er kommt eher wie eine feine Sommerbrise daher:
Der Nordés ist ein weicher, floraler Gin aus Galicien.*

Spanien gilt zwar nicht als klassisches Ginland, doch in den letzten Jahren begegnen uns immer mehr spanische Gins. Wenn man sich in den Bars und an den Stränden des Landes umschaut, ist das auch nicht verwunderlich: Gin Tonic ist *das* absolut angesagte Getränk in Spanien. Hier wird er bevorzugt in großen, bauchigen Weingläsern mit viel Eis und verführerischem Garnish serviert. Vielleicht haben sich die Macher des Nordés Atlantic Galician Gin von diesen Weingläsern inspirieren lassen, als sie den Grundalkohol für ihr Produkt auswählten? Der wird nämlich nicht aus Getreide destilliert, wie es zumeist der Fall ist, sondern aus Weintrauben.

Bei den verwendeten Botanicals griff man in der Brennerei in Galicien neben Wacholder, Zitronenschalen und Süßholz, auch zu eher ungewöhnlichen Geschmacksgebern wie Tee, Eukalyptus, Hibiskus, Eisenkraut und einer speziellen und als Ginbotanical eher unüblichen Pflanze: Salicornia heißt sie und ist bei uns unter

▶ **Fever-Tree Mediterranean und eine aufgeschnittene rote Weintraube dazu**

dem Namen »Queller« bekannt. Sie hat fleischige, gebogene Sprossenenden und wächst bevorzugt an der See und am Strand. Salz ist ihr Lebenselixier, das sie zum Wachsen braucht. Das prägt auch ihren Geschmack: In einigen Ländern ist der Queller als Salat- oder Gemüsepflanze beliebt. Und die Brennerei Aguardiente de Hierbas de Galicia hat ihn nun also zum Ginbotanical auserkoren, als kleinen Gegenpol zu den floralen Elementen. Diese Komposition macht den Nordés Gin zu einem blumigen, fein aromatischen Erlebnis. Ein wenig duftiges Blütenaroma, ein bisschen süße Lakritze, ein Hauch frische Minze, eine feine Note Ingwer, ein bisschen Wein – in Kombination mit einem zu kräftigen Tonic können diese Noten leicht untergehen.

www.nordesgin.com

Wint & Lila – wenn Zitronen aus der Flasche drängen

Viele neue Gins haben den aromatischen Schwerpunkt vom Wacholder in Richtung Zitrusfrüchte verschoben. Wint & Lila nicht. Der verschiebt nicht, der setzt den Schwerpunkt einfach neu. Auf Zitronen.

Ein Gin, der unterschiedliche Meinungen provoziert: Die einen lieben ihn, weil er unglaublich starke Zitrusnoten und eine große Frische bietet, die anderen finden gerade diese Aromen absolut überzogen und rufen nach mehr Wacholder. Letzterer spielt tatsächlich beim Wint & Lila eine absolut untergeordnete Rolle. Um nicht zu sagen: Wacholder ist kaum wahrnehmbar. Dafür sind neben den erwähnten hochintensiven Zitrusnoten deutliche Minzaromen vorhanden, woraus der Gin diese Frische zieht, die er im Mund verbreitet. Florale und auch einige würzigen Anklänge untermalen das Ganze. Also: Wer einen »ordentlichen« Wacholderbrand sucht – Finger weg vom Wint & Lila. Wer Gin bisher nicht so mochte, weil er nicht sehr auf Wacholder steht: Bitteschön, unbedingt probieren!

Dass dieser Gin aus Spanien kommt, einem Land, in dem leidenschaftlich frischer und fruchtiger Gin Tonic getrunken wird, verwundert wegen seiner speziellen Zitrus-Ausrichtung nicht. Die Firma Casalbor stellt ihn in der Hafenstadt Puerto de Santa Maria her, ganz in der Nähe von Cadiz. Gebrannt wird hier mit historisch aussehenden (weil sie auch historisch sind …) kleinen Brennblasen mittels direkter Befeuerung und einer Art Wasserbad. Sieben Brennblasen sind es, jede ein wenig anders als die andere. Die Casalbor-Brennerei ist in Sachen Zitronen und Orangen sehr erfahren, stellt sie doch auch Indi Tonic her, ein ebenfalls sehr zitrus-intensives Produkt. Übrigens kommt der Wint & Lila nicht zuletzt auch wegen seiner Optik gut an: im Stil alter Apothekerflaschen und in Ton gehalten – außen zumindest. Innen ist das edle Gefäß aus Glas, andernfalls würden die Zitrusaromen wohl kein Halten kennen.

www.wintlila.com

Frisch wie Minze mit Zitrone: Wint & Lila ist weit entfernt von klassischen Wacholderbränden.

79

Citadelle Gin – ein französischer (Un)Klassiker

Aus Cognac kommt nicht nur Cognac, sondern auch der Citadelle Gin. Er ist so etwas wie ein Vorreiter des neuen und modernen Ginstiles, der nicht Wacholder, Koriander und Kardamom zu den einzigen Hauptdarstellern macht, sondern auch anderen Aromen einen höheren Stellenwert zukommen lässt.

Zunächst streicheln Veilchen und Zitrusaromen die Geruchsnerven in der Nase, dann bringen Zimt, Muskatnuss und Kardamom würzige Noten hinein. Wacholder? Ja, tatsächlich, nachdem am Gaumen der erste Eindruck ähnlich wie der in der Nase seinen Auftritt hatte, breitet sich Wacholder aus. Nicht zu stark aber, als dass die Gewürze und sanfte Zitrusaromen sich nicht bis in einen satten Nachklang hinein halten könnten. Ist diese Gleichberechtigung anderer Aromen dem Wacholder gegenüber heutzutage nichts

▶ **In einem Gimlet zeigt der Citadelle sich von seiner besten Seite**

Außergewöhnliches mehr, so war es 1998, als der Citadelle Gin erschien, noch Ginneuland.

Das renommierte Unternehmen Cognac Ferrand lässt den Citadelle in Cognac von Gabriel & Andreu brennen und vertreibt ihn international. Die Marke Citadelle gibt es allerdings schon länger. Sie geht angeblich zurück auf ein Brennrecht, das Ludwig XVI. einer Brennerei in Dünkirchen erteilte. Dort wurden angeblich 1 000 Liter Genever am Tag produziert, die hauptsächlich nach England exportiert wurden. Bereits bei Berichten über diesen Citadelle 1.0 ist die Rede von 19 verwendeten Botanicals, der gleichen Anzahl, die auch den heutigen Citadelle Gin aromatisieren.

Im Gin Tonic kann der Citadelle Gin seine würzigen Karten wunderbar ausspielen, und das Zusammenspiel mit den herben Zitrusnoten eines Tonics gelingt sehr gut. Vor allem aber in Cocktails kann er punkten.

www.citadellegin.com

Gin Gold 999.9 – glänzt im Ginregal

Was zählt ist der Inhalt, sagt man ja immer. Zum Gin und zum Geschmack kommen wir dann auch gleich, aber erstmal genießen wir den goldigen Glanz der edlen Flasche, die mit ihrem Styling bewusst an einen Goldbarren mit Prägung erinnert. Wirklich ein absoluter Hingucker.

Der französische Gin Gold 999.9 trägt den Zusatz »Finest Blend«. Das verrät etwas Wesentliches über die Herstellung dieses Gins: Hier wird der Gin nicht mit allen Botanicals und Geschmacksgebern im gemeinsamen Brennvorgang aromatisiert. Vielmehr wird der Gin komponiert aus unterschiedlichen getrennten Bränden und durch aromatische Infusionen verfeinert.

Und so vereinen sich hier würzige, florale und fein-fruchtige Aromen: Wacholder, Koriander, Angelikawurzel, Engelwurz, Cassiarinde. Aber auch Mandarine, Mandeln, Ingwer, Veilchen, Enzian, Mohn und Vanille. Klingt ungewöhnlich? Nun, das sind die Botanicals zum Teil auch. Aber nicht so ungewöhnlich wie die Legende, die man sich im Zusammenhang mit dem Gin Gold immer wieder erzählt: Da hätte man vor einiger Zeit bei Ausgrabungen im Elsass goldene Brennblasen gefun-

> ▶ **Den feinen Mandarinen- und Mandelaromen kommt man am besten pur auf die Spur. Oder unterstützt sie im Gin Tonic durch eine Mandarinenzeste.**

den, die ein interessierter Destillateur reaktivierte. Der Gin Gold wird von der französischen Brennerei Paul Devoille in Fougerolles produziert. Es ist eine Familienbrennerei, die noch traditionell in Handarbeit arbeitet. Hier hat man bereits seit 1859 Erfahrung mit der Destillation hochwertiger Spirituosen. Fougerolles ist vor allem für einen traditionellen Kirschbrand bekannt, doch hier werden auch andere Brände, Absinthe und Liköre hergestellt. Und Gin. Ob für den Gin Gold heute noch eine goldene Brennblase verwendet wird, ist ein wohlgehütetes Geheimnis …

www.gin-gold.com

Im Maison Villevert (siehe nächste Doppelseite) erschafft Gründer und Master Distiller Jean-Sébastien Robicquet seinen G'Vine. Destillation in kupfernen Brennblasen bildet die Grundlage des Gins.

G'Vine Floraison – was für Wein gut ist …

Aus der französischen Region Cognac kommen Cognac, Wein und – Gin! Suchen wir außer der geographischen Verbindung noch eine weitere, dann ist sie schnell gefunden: Sie liegt in der Ugni-Blanc-Traube (auch als Trebbiano bekannt), und der G'Vine Gin nutzt ihre Blüten auf ganz besondere Art.

Ein unwahrscheinlich blumiges Aroma steigt in die Nase, herbe fruchtige Frische und leichte Wacholderaromen gesellen sich hinzu. Alkoholdüfte? Fehlanzeige! Dann im Mund bestätigt sich der Eindruck: sowas von weich und absolut unscharf – die 40 Vol.-% müssen irgendwo auf den Glasboden gesackt sein. Auch hier bleibt der Gin seiner Linie treu und hält den Wacholder im Hintergrund, während florale Noten und Zitrusaromen überwiegen. Auch eine große Süße fällt auf – das ist ein Gin für alle, die bei einem klassischen Wacholderbrand wohl meist »Nein, danke!« sagen würden. Aber klassisch ist der G'Vine Floraison ja dennoch nicht. Basis ist nämlich kein Neutralalkohol aus Getreide, sondern aus der bereits erwähnten Ugni-Blanc-Traube. Darin werden unter anderem Blüten der Weintraube mazeriert. Zudem werden acht übliche Ginbotanicals (Wacholder, Kassiarinde, Süßholz, Ingwer, Kubebenpfeffer, Muskatnuss, Limonen) ebenfalls im Traubendestillat mazeriert und destilliert. Für den endgültigen G'Vine Floraison werden dann Blütenessenz, Botanicaldestillat und ursprüngliches Traubendestillat optimal geblendet. Ein aufwendiges Verfahren für einen außergewöhnlichen Gin.

▶ **Für einen Gin Tonic in einem großen Rotweinglas den G'Vine Floraison mit Thomas Henry Tonic auf Eis servieren, mit zwei halbierten Weintrauben als Garnish. Idealerweise auch noch ein paar getrocknete Hibiscusblätter hineingeben.**

Neben dem G'Vine Floraison stellt das Unternehmen EuroWineGate auch den G'Vine Nouaison her, bei dem nicht die Weinblüten, sondern die Knospen verwendet werden. Durch sie erhält diese Ginvariation ein etwas würzigeres Aroma als die florale Schwester.

www.g-vine.com

82 Saffron Gin – Safran macht nicht nur den Kuchen gel(b)

Nicht nur das British Empire war eine große Kolonialmacht, auch Frankreich war in Übersee stark vertreten – etwa in Indien (bis zum Ende des Siebenjährigen Krieges – 1756–1763). In Indien ist Safran zu Hause. Da kommen wir der Sache mit einem orangefarbenen Gin ganz schnell auf die Spur ...

Wer würde diesen Gin nicht aus allen anderen im Regal auf einen Blick herausfinden? Man kann wohl von einer einzigartigen Farbe sprechen. Wenn ein Gin sonst eine Färbung aufweist, dann kommt sie üblicherweise von einer Fasslagerung. Nicht so beim Saffron Gin. Der Name verrät, dass Safran hier eine wesentliche Rolle spielt, jenes überaus teure Gewürz, das eine starke Färbekraft besitzt.

Tatsächlich werden Safranfäden dem Gin in der Endphase nach der Destillation zur Farbgebung und zur Aromatisierung beigefügt. Allerdings soll nicht unerwähnt bleiben, dass auf den Flaschen die Angabe »gefärbt« zu lesen ist – man kann also davon ausgehen, dass die Einheitlichkeit und Intensität der Farbe nicht ausschließlich auf Safran zurückzuführen ist.

Im Geschmack zeigt sich der Safran nur dezent im Hintergrund und lässt Wacholder, Koriander und Zitrusfrüchten den Vortritt. Erdige Aromen machen sich bemerkbar, Fenchel klingt an.

Der ungewöhnliche Gin entsteht seit 2008 in Dijon bei Gabriel Boudier, einem international bekannten Spirituosenproduzenten. Ein Ginrezept in einem alten Buch aus dem 19. Jahrhundert war der Anstoß für die Entwicklung des Saffron Gins. Damals hatte Frankreich noch zahlreiche Kolonien in Asien und anderen Gebieten, und exotische Gewürze waren en vogue in Küche und Bar. Die Zeit der Kolonien ist vorbei, die Beliebtheit exotischer Gewürze ist geblieben. Auch im Gin.

www.boudier.com

Le Gin – oder: die Liebe der Normannen zu ihren Äpfeln

Viele reden über die Bedeutung eines regionalen Statements, Le Gin ist solch ein Statement. Die Normandie ist berühmt für ihren Calvados und ihren Cidre, wie könnte da also der Apfel bei einem regionaltypischen Gin keine Rolle spielen?

Soviel aber vorweg: Der Gin schmeckt nicht wie ein Calvados. Oder wie Apfelsaft. Allerdings ist Apfel neben dem Wacholder das Leitmotiv dieses Gins und im aromatischen Gesamtpaket als fruchtige Note wahrnehmbar. Neben würzigen und leicht floralen Noten und einem Hauch von Vanille – ein etwas anderer, leichter Gin im New Western Style. Nun könnte man vermuten, dass der Apfel als Botanical bei der Gindestillation genutzt wird, doch das ist gar nicht der Fall. Da stehen auf der Liste neben Wacholder noch Kardamom, Zitrone, Zimt, Vanille, Ingwer, Mandeln und Rosenblüten. Kein Apfel.

Das Geheimnis ist schnell gelüftet, denn es ist gar keines, sondern ein bewusst gewähltes und auch stolz öffentlich hervorgehobenes Alleinstellungsmerkmal: Das Familienunternehmen Christian Drouin stellt den Basisalkohol für Le Gin selbst in ihren kleinen kupfernen Brennblasen her, und zwar aus Äpfeln. Dieses hochprozentige Eau de Vie ist fein, rein und fruchtig und bereit, mit den

▶ **Angels Face: 3 cl Le Gin, 3 cl Calvados, 3 cl Apricot Liqueur geshakt und im Cocktailglas serviert**

Aromen der Botanicals zum Gin destilliert zu werden. Auch da wählt Christian Drouin wieder einen ganz besonderen Weg: Jedes der Gewürze wird einzeln mazeriert und gebrannt und erst danach werden die acht Komponenten zum Le Gin geblendet. Auf Grund dieser aufwendigen Herstellungsmethode ist die Menge des erzeugten Gins nicht groß. Gerade einmal 2 850 Flaschen ergibt jede Charge und alle werden einzeln nummeriert.

www.calvados-drouin.com

84 Helsinki Dry Gin – ein Finne kommt selten allein

Da wundert man sich noch über die finnische Kyrö-Brennerei mit ihrem Napue Gin und dann kommt in kürzester Zeit ein weiterer finnischer Gin auf den Markt – Helsinki Gin, dessen Name den Herstellungsort verrät.

Im Jahr 2014 konnten Mikko Mykkänen, Kai Kilpinen und Séamus Holohan endlich ihre Helsinki Distillery an den Start bringen. Auf den finnischen Gesetzen und Regularien liegt zum Teil noch immer der Schatten der 1932 zu Ende gegangenen Prohibition, und so mussten die drei Freunde einen langen Atem beweisen, bis sie alle Genehmigungen zusammen hatten. Vom Beginn der Suche einer passenden Location 2010 bis zum Brennstart dauerte das immerhin vier Jahre. Wie auch ihre finnischen Kollegen von der Kyrö-Brennerei haben die Ginmacher aus Helsinki als Fernziel einen Whisky ins Auge gefasst. Der Gin, wie auch ein Apfelbrand, vertreibt die Zeit und wohl auch so manchen Finanzierungsengpass bis dahin.

▶ **Als Garnish in einen Gin Tonic einen Zweig Rosmarin und einen Limettenschnitz geben, um die hell-fruchtigen Aromen hervorzuheben.**

Helsinki Gin entsteht in einer 300 Liter großen Brennblase der deutschen Firma Carl und die so entstehenden Ginchargen sind entsprechend klein: 1 000 Flaschen umfasst jede lediglich.

Aber vergessen wir den Gin selbst nicht: Schale von frischen Zitronen und Rosenblütenblätter werden erst kurz vor der Destillation hinzugegeben und gesellen sich zu Wacholder, Fenchel, Angelikawurzel, Orangen- und Limonenschalen und anderen Gewürzen.

Im Geschmack des Gins machen sich Wacholdernoten mit ihrem herben Pinienaroma deutlich bemerkbar. Erdige Noten ergänzen sie, und herbale, würzige Noten. Zitrusaromen sind da, aber nicht dominant. Der Helsinki ist ein würziger, kräuterbetonter Gin und kein sehr fruchtig-leichter Gin.

www.hdco.fi

Sie brennen (für) Helsinki Dry Gin: Mikko Mykkänen, Kai Kilpinen, Séamus Holohan (von links).
Die Zutaten werden wortwörtlich ausgewogen verwendet (folgende Doppelseite).

Das junge Team der Kyrö Distillery wächst und wächst. Und macht Gin mit Leidenschaft.
Wer hoch hinaus will … muss auch mal putzen.

Napue Gin – finnischer Roggen in flüssiger Form

Hier kommt Finnland! Würzig, aromatisch, leicht floral und süß, als angenehm cremig lässt sich der Napue Gin beschreiben. Was ihn besonders macht unter den Gins: Er ist zu 100 Prozent aus Roggen destilliert.

Die Zeit ist reif für finnischen Whisky meinten fünf junge Finnen eines Tages und gründeten die Kyrö-Brennerei. Moment, denken Sie jetzt sicher, hier geht es um Gin und nicht um Whisky. Das stimmt, aber das ursprüngliche Ziel (das mittlerweile übrigens erreicht wurde), war die Herstellung von Roggenwhisky. Mit der Herstellung des Napue Gin wurde dann aus verschiedenen Gründen begonnen: Es galt zunächst einmal, die dreijährige Wartezeit auf den Whisky zu verkürzen und ein wenig Geld in die Unternehmenskasse zu spülen. Und aus betriebswirtschaftlicher Sicht ist es natürlich immer besser, sich breiter aufzustellen. Doch aus dem Nebenprodukt wurde schon bald ein begehrter Gin, der internationale Preise einheimste und die Kyrö-Brennerei bekannt machte.

▶ **Eis ins Glas, Napue Gin dazu und mit Tonic auffüllen. Dann einen Zweig Rosmarin und einige Cranberrys dazu und fertig ist die klassische Kombination.**

Der Grundalkohol aus reinem Roggen sorgt für eine würzige, fast pfeffrige Grundnote. Zur Aromatisierung wählten Miika, Mikko, Miko, Jouni und Kalle neben Wacholder und Zitrusfrüchten auch lokale Botanicals aus wie Sanddorn, Mädesüß, Cranberrys und Birkenblätter.

Das Ergebnis ist ein floral-süßer Gin mit Anklängen an Sommerwiesen, Menthol und Zitrusfrucht. Der Wacholder ist präsent, aber drängt sich nicht in den Vordergrund. Und der Napue ist so cremig, dass er auch pur ein Gaumenschmeichler ist.

Noch ein kleiner Tipp: Wer vom Napue begeistert ist, der sollte unbedingt auch den Koskue Gin der Kyrö-Brennerei probieren. Er wird in kleinen Fässern aus amerikanischer Weißeiche nachgereift und gewinnt dadurch weitere würzige Aromen.

www.kyrodistillery.com

VOR Gin – eine skandinavische Interpretation

VOR ist das isländische Wort für Frühling. Von dieser Jahreszeit ist das Ginrezept inspiriert worden, doch es finden sich auch sommerliche Aromen reifer Früchte und Getreide in dem Destillat.

Die Pflanzenwelt Skandinaviens bereichert nun auch die Welt des Gins. Isländisches Moos, schwarze Krähenbeere, Birkenblätter, Sandthymian, Rhabarber, Grünkohl, Seetang – die Liste der Botanicals, die noch um viele weitere Kräuter und Wurzeln ergänzt werden kann, verheißt einen etwas anderen Gin. Und das ist er in der Tat. Nicht nur aufgrund dieser Gewürze, die ihre süß-floralen und säuerlich-fruchtigen Fingerabdrücke hinterlassen. Nicht nur wegen des kräftig würzigen Einflusses skandinavischen Wacholders. Vor allem wird der VOR Gin charakterisiert durch einen starken Einfluss des Ausgangsalkoholes. Man schmeckt den Getreidebrand wirklich durch alle Aromen hindurch.

Woran das liegt, kann ein kurzer Blick auf das Brennverfahren deutlich machen: Seit die Eimverk-Brennerei 2013 mit der Produktion begann, destilliert sie im klassischen Rauh- und Feinbrandverfahren und stellt so ihren Floki Whisky her. Auch der Grundalkohol, in dem dann die Ginbotanicals mazeriert werden, wird auf die gleiche Weise erzeugt. Bei der erreichten Alkoholstärke von 70–80 Vol.-% verfügt er also über wesentlich mehr Eigenaroma als der sonst für Gin verwendete Ethylalkohol mit mindestens 96 Vol.-%. Der ist laut EU-Verordnung eigentlich Voraussetzung, damit ein Gin hier in der EU Gin genannt werden darf. Aus Amerika und anderen außereuropäischen Ländern kennt man durchaus Gins, die mit nicht so hochprozentigem Alkohol erzeugt werden, doch ein so starker Getreidecharakter wie beim VOR Gin ist durchaus ungewöhnlich. Der bleibt auch bei der abschließenden Gindestillation mit den Botanicals erhalten und verleiht dem VOR seinen ganz eigenen Charakter.

Ganz bestimmt nichts für Puristen also, die einen klassischen Wacholderbrand suchen, sondern eine Möglichkeit, einen Wacholderbrand einmal ganz anders zu erleben.

www.vorgin.is

Ein prüfender Blick: Master Distiller Eigill Thorkelsson an seinem Arbeitsplatz

87

Gunroom London Dry Gin – ein Hoch auf die Navy

Zu den Waffen greift das schwedische Unternehmen Integrity Spirits nur ginbildlich: es produziert unter dem Namen »Gunroom« drei Spirituosen, von denen der Navy Gin und der Navy Rum mit einer marineüblich stark erhöhten Trinkstärke locken. Der Gunroom London Dry Gin gibt sich ziviler.

Weich und rund, mit angenehmen, nicht aggressiven Wacholdernoten, einem fruchtigen Beitrag von Orangen, würzigen Noten und einem Hauch

Vanille stellt sich der Gunroom London Dry Gin mit seinen 43 Vol.-% Alkohol vor. Außergewöhnlich weich für einen Gin im London Stil, und so ist es nicht überraschend zu erfahren, dass der Gin vor dem Abfüllen für 45 bis 60 Tage in ehemaligen Whiskyfässern lagert. Nur damit er zur Ruhe kommt und ein geschmeidiges Mundgefühl entwickelt, nicht zur geschmacklichen Beeinflussung, meint der Hersteller. Das wäre für einen London Dry Gin ja gar nicht zulässig. So mancher, der sich schon länger mit Gin befasst, wiegt skeptisch den Kopf. Aber lassen wir spitzfindige Auslegungen von Ginkategorien und widmen uns einfach einem Glas Gin oder auch einem Gin Tonic mit dem Gunroom Gin. Oder ruhig zweien, weil man in puncto Waffen ja immer einen Sekundanten dabei haben sollte.

www.gunroomspirits.com

»Thumbelina« ist eine der zwei Brennblasen der Londoner Timbermill Distillery, in der Gunroom entsteht.

88 Hernö Gin Old Tom – Ginhelden im Norden

Ein traditionelles schwedisches Holzhaus, ganz in rot und weiß ge-halten, steht hoch oben im Norden in Ångermanland im kleinen Städtchen Dala bei Härnösand. Darin wohnt – eine Brennerei. Die nördlichste der Welt, wie sie sich selbst stolz nennt.

Unwahrscheinlich weich und seidig, fast samtig breitet sich der Hernö Gin Old Tom im Mund aus. Feine Wacholderaromen und Zitrusnoten, delikat ausbalanciert, entfalten sich, lassen aber genug Raum für würzige und ver-lockend süße Noten. Vanille streicht sanft vorbei. Ein Gin, der beim Genuss pur alle Register zieht. »Was ist mit Mixen und Gin Tonic?«, fragt sicher man-cher. Ein Gin, der pur besteht, lässt sich auch wunderbar kombinieren. Ein-fach kreativ ausprobieren.

▶ **Ein Cocktail à la Tom Collins: 5 cl Gin, 2 cl Zu-ckersirup, 2 cl Zitronensaft in einem Longdrinkglas verrüh-ren. Eiswürfel dazu und mit Sodawasser auffüllen.**

2011 gründete John Hillgren die Hernö Distillery, nachdem er in London als Bartender den Gin ken-nen und lieben gelernt hatte. Dieses Getränk müsste man doch auch in Schweden herstellen können, und trotz der bereits großen Bandbreite an vorhandenen Gins würde doch sicher noch Platz für einen neuen sein. Besser geht immer, dachte er, aber er wollte keine exotischen Spielchen treiben, sondern im Stil des London Dry Gin seine eigenen Vorstellungen umsetzen. Zu klassischen Botanicals ergänzte er Vanille aus Madagaskar, Mädesüß aus Großbritannien und Preiselbeeren aus Schweden. Alles bio-zertifiziert übrigens. Seit 2012 wird nun destilliert in zwei Brennblasen aus Deutschland und der Hernö Gin kann bei einem Spirituosenwettbewerb nach dem anderen punkten. Mitt-lerweile gesellte sich mit dem Hernö Old Tom der eingangs beschriebene süße Gaumenschmeichler hinzu. Er ist »World's Best Contemporary Gin 2017« – wen wundert's?

www.hernogin.com

Die Straße durch die schwedische Winterlandschaft führt zur nördlichsten Brennerei der Welt. Der klassische Hernö Gin ist der Bestseller der Brennerei. Und der Hernö Old Tom der Geheimtipp.

Camilla Skogsberg (zweite von rechts) und Jan Suominen (links) haben Wannborga vor kurzem übernommen. Neben Gin produziert man bei Wannborga auch Wein, Whisky und andere Spirituosen.

Wannborga Ö Gin – elegante Flasche, eleganter Gin

Die kleine schwedische Ostseeinsel Öland ist die Heimat dieses milden und fein-fruchtigen Gins. Auch Kräuter der bei Wanderern sehr beliebten Insel prägen sein Aroma mit.

Handarbeit und viel Idealismus stecken im Wannborga Ö Gin. Gunnar Dahlberg hatte sich auf Öland mit der Brennerei einen Traum erfüllt und seine Vorstellungen von nachhaltiger und ökologischer Produktion umgesetzt. Die neuen Besitzer Camilla Skogsberg und Jan Suominen setzen sein erfolgreiches Konzept fort: Der Gin wird in einer kleinen Brennblase in Handarbeit hergestellt. Wie gut man das Brennen beherrscht, zeigt sich an der Weichheit und Milde des Ö Gins: Da stören weder in der Nase noch am Gaumen Alkoholnoten. Ein sehr ausbalanciertes und gefälliges Geschmackserlebnis bietet sich, und eine leichte Süße macht den Gin geschmeidig. Wacholdernoten, Frucht, Würzigkeit – alles ist ausgewogen vorhanden. Weißer Pfeffer sorgt dafür, dass auch der Pep nicht zu kurz kommt. Die Aromen der Botanicals werden sorgfältig herausgearbeitet und drei Tage in bestem Destillat aus Weizen mazeriert.

www.wannborga.se

Rot gestrichene Holzhäuser mit weißen Fensterrahmen: So stellt man sich Schweden vor.

90 Aviation Gin – inspiriert von einem Cocktail

Wie so oft war Amerika wieder einmal der Vorreiter: Das Land der unbegrenzten Möglichkeiten bescherte uns auch die New Western Style Gins, bei denen der Wacholder zugunsten anderer würziger Aromen in den Hintergrund tritt. Einer der ersten war der Aviation Gin, der 2006 das Licht der Spirituosenwelt erblickte.

Einen Gin sollte man haben, der in einem Cocktail wie dem Aviation geschmacklich optimal überzeugen kann, der den Wacholder nicht zu kräftig aufzwingt – dachte Bartender Ryan Magarian, tat sich mit einer kleinen Brennerei in Portland, Oregon zusammen und man fing an zu experimentieren.

▶ **Aviation Cocktail: 6 cl Aviation Gin, 2 cl Zitronensaft, 1,5 cl Maraschino Likör, 1 cl Crème de Violette mit Eis shaken und in ein Cocktailglas abseihen.**

Das Ergebnis nach rund 30 Versuchen war auf der Basis eines Roggendestillates ein würziger, floraler Gin. Lavendel und Anis arbeiten Hand in Hand, lassen Zitrusaromen Raum und verweisen den Wacholder in die hinteren Reihen. Was gleich beim Einschenken auffällt: Der Gin ist unwahrscheinlich ölig und cremig. Mit diesem Gin, so meinte Ryan Magarian, kann ein Bartender viele tolle Drinks und Cocktails mixen. Mehr als nur Martinis und Gin Tonic. Einen Aviation zum Beispiel – so bekam der Gin seinen Namen.

www.aviationgin.com

Vom Bartender für Bartender: Aviation Gin als ideale Cocktail-Grundlage.

Aviation Gin wird noch immer in Portland hergestellt, gehört aber mittlerweile Davos Brands, NY.
Brooke Arthur (Mitte) nimmt den Preis als Best American Brand Ambassador 2015 entgegen.

Corsair Barrel Aged Gin – geht runter wie Öl

Sechs Monate im Fass verhelfen dem Corsair Gin nicht nur zu einer beeindruckenden Farbe, sondern auch zu wunderbar würzigen, vollmundigen Aromen und einem samtigen, cremigen Charakter.

Was aus Kentucky kommt, reifte üblicherweise einige Jahre in neuen Eichenfässern. Gemeint ist der Bourbon Whiskey. Doch auch Amerika hat die Ginwelle erfasst und mit ihrem Barrel Aged Gin versuchen Corsair Artisan Spirits eine Verbindung zu schaffen zwischen beiden Spirituosen. Was heißt versuchen – sie tun es! Den Corsair Gin und Whiskey verbindet die Fassreifung des klaren Destillates, das dadurch deutlich an Farbe gewinnt. Der Corsair Gin lagert allerdings nicht in Fässern aus frischem Holz wie der Bourbon, sondern in gebrauchten Fässern, in denen zuvor Rum heranreifte. Spiced Rum genauer gesagt, gewürzter und nachgesüßter Rum also. Rund sechs Monate verbringt der Gin in den Fässern, und das genügt, um ihn deutlich zu verändern.

Neben den typischen Wacholdernoten setzen sich deutliche Orangen- und Vanillenoten durch. Zudem sind Eichennoten, Tabak und Harz, Muskat, Nelke, Koriander und Pfeffer präsent. Ein bisschen wie eine Gin-Winterausgabe, die vom Aroma her gut zu Weihnachtsbäckerei und Weihnachtsmarkt passen würde. Auch vom Mundgefühl ist der Corsair Barrel Aged Gin deutlich gereift und verfügt über eine mundschmeichelnde Cremigkeit, die ihresgleichen sucht.

Die Geschichte der Corsair Artisan Distillery ist eine amerikanische Erfolgsgeschichte wie sie im Buche steht: Es begann alles in einer Garage, in der Darek Bell und Andrew Webber Bier brauten. Irgendwann reizte sie die Herstellung von Whiskey und sie begannen zu destillieren. Heute gehört das Unternehmen zu den erfolgreichsten Craft Distilleries der USA, führt ein breites Sortiment an Spirituosen im Repertoire und heimst eine Auszeichnung nach der anderen ein. In der Garage brennen sie übrigens heute nicht mehr. Der Eröffnung einer ersten Brennerei 2008 folgte 2010 bereits eine zweite.

www.corsairdistillery.com

Eine Farbe wie goldener Honig: Ehemalige Rumfässer prägen den Corsair Barrel Aged Gin.

92 FEW American Gin – macht Schluss mit der Prohibition

Hier gibt es »a FEW« Aromen, die dem amerikanischen Gin seinen ganz besonderen Stil verleihen: sehr ausgewogen und mild, aber doch sehr deutlich und individuell. Weich und cremig spielt er mit süßen Vanillenoten und fruchtig-würzigem Hopfen. Unter anderem.

Für die Ginproduktion hat sich Paul Hletko mit seinem Unternehmen FEW Spirits einen Ort ausgesucht, der mit der amerikanischen Prohibition verbunden ist wie kaum eine anderer: Hier in Evanston, Illinois, war das Zuhause von Frances Elizabeth Willard, die mit der Gründung ihrer Woman's Christian Temperance Union zu einer treibenden Kraft in der Abstinenz- und Suffragetten-Bewegung wurde. Wer die Punkte hinter den Buchstaben im Namen F.E.W. bemerkt, der sieht darin auch die Initialen der kämpferischen Frau, eine angenehm ironische Anspielung. Ein triumphierender Seitenhieb aber auch, denn bevor Hletko hier seinen Gin brennen durfte, musste er zunächst einmal den Kampf gegen die uralten Verordnungen jener Prohibitionszeit aufnehmen, die in Evanston bis vor kurzem noch die Alkoholherstellung bannten.

▶ 5 cl FEW Gin, 2 cl Zitronensaft, 2 cl Zuckersirup shaken, ins Glas abseihen und mit etwas Soda aufgießen: Gin Sour!

Den Cascade-Hopfen, der als besonderes Botanical dem FEW American würzige, aber auch sehr fruchtige und blumige Aromen verleiht, soll der Brennmeister angeblich selbst in seinem Garten anbauen. Weiter angereist ist eine zweite geschmacksprägende Zutat: Vanille aus Tahiti. Deutlich ist sie im FEW wahrnehmbar, sie passt zum cremigen, weichen Charakter des Gins. Wacholder als aromatischer Gegenpart und Cassia, Paradieskörner, Zitronen- und Orangenschale sollen nicht unerwähnt bleiben.

Ein ausgewogener Gin, der sich mit seinen Vanille- und Zitrusaromen nicht nur für Gin Tonics anbietet, sondern auch einen herrlichen Cocktailpartner darstellt.

www.fewspirits.com

Paul Hletko (zweiter von rechts) macht Gin an einem Ort, der bisher für Abstinenz stand.

93 Greyling Modern Dry Gin – ein Traum mit Lavendel

Sowohl »Modern« als auch »Dry Gin« – dem amerikanischen Grey-ling gelingt ein äußerst harmonischer Spagat zwischen der klassi-schen Wacholderprägung und einem etwas anderen süß-floralen aromatischen Bild.

Die Orientierung vieler Gins am New Western Style hatte auch die Ma-cher des Greyling Gins interessiert, als sie sich auf die Suche nach dem per-fekten Rezept für ihr Ginprojekt machten. Anders als die klassischen, stark vom Wacholder geprägten Gins sollte er sein, aber dessen Einfluss ge-schmacklich nicht völlig unter den Tisch fallen lassen.

Und da Ryan Bailey und Nathan Jonjevic, den beiden Jungunternehmern hinter Two Birds Artisan Spirits, auch ein starker lokaler Bezug zu ihrem Hei-matstaat Michigan wichtig war, suchten sie nach einem regionalen Botanical für ihren Gin. Sie fanden es mit dem heimischen Lavendel, der als typisches amerikanisches Botanical gilt. Er verleiht dem Greyling Gin eine präsente, aber nicht zu aufdringliche florale Note, die einhergeht mit deutlichen Zitrusaromen. Abgerundet und als Gin »geerdet« wird er durch begleitende, zurück-haltende Wacholdernoten.

▶ **Das feine Lavendel-aroma lädt dazu ein, pur ent-deckt zu werden. Aber dann den Greyling unbedingt auch einmal mit einem nicht zu kräftigen Tonic wie dem 1724 versuchen!**

Two Birds Artisan Spirits halten an ihrem ur-sprünglichen Konzept fest, den Greyling in kleinen Batches herzustellen, in denen sich die handwerk-liche Produktion durch minimale geschmackliche Schwankungen durchaus bemerkbar machen kann. Ein spannender Effekt – wer die Möglichkeit hat, die ersten Batches von 2013 mit einem aktuellen zu vergleichen, sollte sich diese Entdeckungsreise nicht entgehen lassen.

Bleibt abschließend noch ein kleiner Blick auf das Etikett, das eine Karte von Michigan mit seiner Seenlandschaft zeigt. Bailey und Jonjevic ließen es sich nicht nehmen, auch hier auf die Region Bezug zu nehmen. Und ebenso der Name des Gins hat dort seinen Ursprung. Greyling (eigentlich Grayling) ist ein in Michigans Gewässern einst sehr verbreiteter Fisch, der wegen der Umweltzerstörung heute zu einer bedrohten Art zählt.

www.twobirdsartisanspirits.com

Koval Dry Gin – österrei-chischer Gruß aus Chicago

94

Cremig, fein, floral, würzig – der Gin aus Chicago spielt in der Liga »bloß nicht zu viel Wacholder« ganz vorne mit.

Wenn ein Österreicher in Chicago einen Gin produziert, könnte man ver-muten, dass an die europäische Tradition starker Wacholderbrände ange-knüpft wird. Weit gefehlt. Robert Birnecker, der die Koval-Brennerei bereits seit 2008 mit seiner Frau Sonat betreibt, hat sich für einen cremigen, floralen Gin entschieden. Der Koval Gin ist im New Western Style angesiedelt, bei dem der Wacholder deutlich in den Hintergrund tritt. So kennt man es von vielen amerikanischen Gins, und diesen Stil haben in den letzten Jahren auch immer mehr Ginfans bei uns für sich entdeckt. Doch wo der Wacholder zu-rücktritt, da machen sich beim Koval Gin nicht in erster Linie die sonst so be-liebten Zitrusaromen bemerkbar. Die schwingen auch mit, aber deutlicher präsentieren sich hier florale Noten wie die von Veilchen oder Lavendel. Süß und würzig ist Anis als Aroma wahrnehmbar, das am Gaumen immer mehr Raum gewinnt. Der Koval ist ein Gin der sich sehr gut pur genießen lässt, aber auch in einem Gin Tonic bestehen kann, wenn ihm Raum gegeben wird. Mit einem 1724 Tonic zum Beispiel oder mit einem Fever-Tree Light.

www.koval-distillery.com

Sonat und Robert Birnecker brennen neben Gin auch Whiskey und Vodka. Alles aus Biogetreide

Ransom Old Tom – ein Gin der alten Schule

Sie waren vom 18. Jahrhundert an der Inbegriff des Gins, bis der London Dry sie ab Mitte des 20. Jahrhunderts verdrängte: Old Tom Gins, würzig und deutlich gesüßt. Fast alle »alten« Gincocktails bauten auf ihnen auf. Ransom Old Tom schließt an den alten Stil an und setzt noch eins drauf.

In Amerika sind die Wege weit. Als noch keine Supertrucks die Transporte übernahmen, dauerte es oft Wochen bis Waren mit der Eisenbahn und der Kutsche an ihrem Bestimmungsort ankamen. Spirituosen wurden früher wie heute in Fässern aufbewahrt sowie transportiert, und auch der gute Old Tom gelangte darin vom Brenner zu den Bars und Händlern. Was heute bei Whisk(e)y selbstverständlich ist, war deshalb damals auch für Gins nicht unüblich: mitunter reiften sie im Fass und bekamen Farbe. Heute lagern Ginhersteller ihr Produkt manchmal ganz bewusst in Holzfässern. So wie die Ransom Wine Company and Distillery es mit ihrem Old Tom tut.

Sechs Monate ruht der Gin in ehemaligen Pinot-Noir-Fässern, nimmt fruchtige Aromen und solche von Vanille und Holz auf. Und er wird weich und cremig. Zuvor ist er in einer traditionellen Kupferbrennblase gebrannt worden und zwar aus einem Blend aus Maische gemälzter Gerste einerseits und Neutralalkohol mit mazerierten Botanicals darin andererseits. Vor dem Abfüllen wird er leicht gesüßt.

Ölig und seidig ist die Konsistenz des bronzefarbenen Ransom Old Tom. Wacholder, Zitrusfrucht, Angelikawurzel und Kardamom ergeben mit malzigen, süßen Aromen zusammen ein sehr ausdrucksstarkes, mundfüllendes Aroma. Pur trinken? Auf jeden Fall sehr zu empfehlen! Aber auch in vielen Cocktails ist Ransom Old Tom ein geschmeidiger, würziger Mitspieler. Am besten, man besorgt sich ein uraltes Cocktailbuch – die darin befindlichen Rezepte wurden ja genau für solche Old Toms geschrieben!

www.ransomspirits.com

Ransom Spirits baut das Getreide für seine Brände auf der eigenen Farm an (siehe auch folgende Doppelseite). Alles in Handarbeit – auch die französische Brennblase entstammt altem Handwerk.

Seagram's Gin –
America's favourite

Liegt es daran, dass die USA unbestritten starke englische Wurzeln haben? Jedenfalls ist Gin im Land der unbegrenzten Möglichkeiten eine ebenso beliebte Spirituose wie im Land der unbegrenzten Gins. An der Spitze der meistgetrunkenen Gins dort: Seagram's.

Weich, geschmeidig, süß und mit nicht zu starkem Wacholder: In Amerika sind diese Art Gins sehr beliebt, und genau diesen Charakter besitzt auch der Seagram's Gin. Eine schöne Ausgewogenheit von Wacholder und Orangennoten und die deutliche Süße (es darf ja ohne weiteres ein wenig nachgeholfen werden in diese Richtung) machen ihn zu einem »Easy-Drinking Gin« und »Everybody's Darling«. Sehr schön für diverse Cocktails, die einen eher süßen Gin wunderbar vertragen wie ein Collins oder Gimlet. Das weiche, sanfte Mundgefühl kommt übrigens auch von einer mehrwöchigen Fasslagerung vor der Abfüllung. In früheren Jahren wiesen Seagram's Abfüllungen deshalb noch einen Hauch von goldenem Schimmer auf, der sich aber mittlerweile nicht mehr zeigt. Die meisten Kunden bevorzugen wohl glasklare Gins und einer Filterung steht ja nichts im Weg. Für Freunde von weniger süßen Gins hält Seagram natürlich auch etwas bereit: Seagram's Extra Dry Gin.

www.seagramsgin.com

Im Land der unbegrenzten Möglichkeiten hat Seagram's Gin seinen Weg ganz nach vorne gemacht.

Seagram's Extra Dry, Limetten und Soda – ein Stillleben, das Ginfreunde ins Schwärmen bringt.

Barbara und John Cote freuen sich über den großen Erfolg ihres Black Fox Gins.
Die beeindruckende Brennblase der Black Fox Distillery kommt aus Deutschland.

Black Fox Gin – »It's all about Saskatchewan«

Bis zur Auszeichnung »Bester fassgereifter Gin der Welt« bei den World Gin Awards war der kanadische Black Fox Gin ein absoluter Insidertipp. Jetzt schaut die Welt nach Saskatchewan und staunt. Manchmal liegt eine Jury eben doch goldrichtig.

Wer zur Liebe auf den ersten Blick neigt, sollte beim Black Fox vorsichtig sein. Schon beim ersten Hineinschnuppppern ins Glas könnte es um ihn geschehen sein. Die Autorin weiß, wovon sie redet … Aromatische Gewürznoten steigen auf, von Zitrusaromen begleitet. Zarte Vanille-, Ingwer- und Eichennoten klingen mit. Nach dem verheißungsvollen Beginn setzt sich der Genuss am Gaumen genauso fort. Sehr weich und rund ist der Gin und das Geschmackserlebnis intensiv. Aber es drängt sich keines der Aromen in den Vordergrund. Ein großes, harmonisches Orchester spielt den Gin-Blues.

Der Black Fox Gin reift zur Vollendung in Eichenfässern. Sie geben ihm nicht nur ganz natürlich seine goldbraune Farbe, sie runden ihn auch aromatisch ab und steuern weitere würzige Noten bei. Doch damit die Fässer das Beste aus einem Gin herauskitzeln können, muss erst einmal etwas sehr Gutes hineinkommen. John Cote verlässt sich dabei nicht auf Zutaten, die er nicht hundertprozentig kennt. Das Getreide für den Alkohol, den er ausschließlich selbst produziert und die Kräuter und Gewürze wachsen zum überwiegenden Teil auf seiner Farm in der Nähe der Stadt Saskatoon. Nur was sie nicht hergibt, das kommt von befreundeten Farmern in der Umgebung. Bei ausschließlich natürlichen Rohstoffen kann es bei den verschiedenen Chargen des Gins auch einmal zu minimalen Geschmacksunterschieden kommen. Deshalb trägt jede Flasche Black Fox die Nummer des jeweiligen Batches.

Auch wenn Cote auf Biosiegel verzichtet, ist ihm bewusste, nachhaltige Arbeit und ein respektvoller Umgang mit dem Land und den Rohstoffen sehr wichtig. Bei aller Handarbeit und der Liebe zu den natürlichen Rohstoffen setzt der Farmer und Brennmeister beim Destillieren auf modernste Technik: Eine Brennblase aus Deutschland steht in der Black Fox Distillery.

www.blackfoxfarmanddistillery.com

98 Dictador Colombian Aged Gin White Ortodoxy

Gin aus Kolumbien? Gin aus Kolumbien! Auch wenn es manchem vielleicht schwerfällt, dieses südamerikanische Land mit einem anderen Getränk als Kaffee oder Rum in Zusammenhang zu bringen, so sollte er sich unbedingt einmal einlassen auf diesen etwas anderen Gin, der im Rumfass reift.

Der kolumbianische Spirituosenproduzent Dictador ist schon lange bekannt für seine Rumsorten, doch mittlerweile haben sich auch die beiden Dictador Gins international etabliert. Der Dictador Colombian Aged White (der auch noch den Beinamen Ortodoxy trägt … einigen wir uns doch einfach kurz auf Dictador) hat mit Rum zwei wichtige Dinge gemein: Der Grundalkohol für diesen Gin wird ebenfalls aus Zuckerrohr hergestellt und er wird in Holzfässern gelagert. Sechs Monate verbringt der Gin in Eichenfässern, die zuvor mit Rum belegt waren. So hat er zusätzliche Geschmacksnoten durch die Holzreifung und den Einfluss des »Vormieters« Rum zu bieten.

▶ **Ist nicht nur pur oder im Gin Tonic mit leicht herben Tonics wie Fentiments zu empfehlen, sondern macht vor allem auch in Cocktails eine sehr gute Figur.**

Was also begegnet uns im Glas? Ein Rum? Nein, absolut nicht. Wir haben einen klaren, farblosen Gin vor uns, denn eine Filterung kann die bei der Fassreifung auftretenden Färbungen leicht entfernen. Allenfalls ein goldener Schimmer zeugt optisch vom Einfluss des Fasses. Geschmacklich trägt die Fassreifung durch unterschwellige Süße und tiefe würzige Prägung zum breiten Aromenspektrum des Dictador Gins bei. Wacholder, Angelika, Zitrusnoten, Pfeffer, Minze, Zimt, Blaubeere, Ingwer – der Gin lädt zum Genuss pur ein und zum gemütlichen Entdecken der zahlreichen Facetten.

Als Ergänzung zum Ortodoxy stellt Dictador auch den Colombian Aged Gin Black Treasure her, dem die Limon Mandarino als Botanical eine süß-säuerliche Fruchtnote verleiht.

www.dictador.com

Bunt, spanisch, lebensfroh, historisch: Kolumbien lädt zum Entdecken ein.

Amazonian Gin –
der Regenwald lässt grüßen

Exotische Aromen in Gins sind mittlerweile nichts Ungewöhnliches mehr. Wenn die dann aber Aguaymanto, Camu-Camu oder Sacha Inchi heißen, sieht die Sache nochmal ganz anders aus.

Gin wird weltweit getrunken, warum sollte er also nicht weltweit hergestellt werden? Zum Beispiel in … Peru? Die Inca Distillery stellt Spirituosen auf der Basis von Zuckerrohr her, darunter mit dem GIN'CA und dem Amazonian auch zwei Gins. Letzterer macht seinem Namen alle Ehre, denn die verwendeten Botanicals stammen alle aus dem Regenwald des Amazonasgebietes. Na ja – alle bis auf eines, um genau zu sein. Wacholder wächst dort einfach nicht, ist aber natürlich eine unverzichtbare Zutat, wenn es um Gin geht. Wacholder wird also importiert. Nicht aber die verwendeten Zitrusfrüchte, Tonkabohnen, Paranüsse, Aguaymanto, Camu-Camu oder Sacha Inchi. Und bei der Auflistung zeigt sich, dass exotische Gewürze hier wirklich exotische Gewürze bedeutet – oder kennen Sie die wirklich alle? Aber auch ohne genau zu wissen, was denn nun so alles die Aromen des Amazonian Gins prägt, kann man sich seinem Geschmack widmen.

Der zeigt bei aller Exotik zunächst einmal den vertrauten Wacholdergeschmack. Zitrusaromen setzen sich durch, wobei sie vielschichtig sind und nicht einfach nur »Zitrone« bedeuten. Säuerlich-fruchtige Aromen können von vielen Früchten, Beeren oder auch Kräutern beigesteuert werden. Würzige Noten schwingen mit, die an Pfeffer, an Nelken und auch an Vanille erinnern. Weich und von cremiger Süße ist der Amazonian. Insgesamt steht er irgendwo zwischen »erfrischend anders« und auf jeden Fall ein Gin, der dem sommerlichen Gin Tonic ein würziges Gesicht gibt. Wie meist bei etwas ungewöhnlichen Gins kommen die Aromen mit den verschiedenen Tonics auch extrem unterschiedlich zur Geltung. Also unbedingt einmal die exotischen Gewürze des Amazonian herauskitzeln durch Kombination mit besonderen Tonics wie Thomas Henry Elderflower oder Cherry Blossom.

www.tid.pe

Auch im Regenwald scheint die Sonne – so können die Botanicals für den Amazonian Gin heranreifen.

Bezugsquellen

Die in diesem Buch vorgestellten Gins Ableforth's Bathtub Gin Navy Strength 57 (Nr. 1), Mombasa Club London Dry Gin (Nr. 15), Caorunn Scottish Gin (Nr. 20), Koval Gin (Nr. 94) und Amazonian Gin Cantinero Edition (Nr. 99) wurden uns freundlicherweise vom Weisshaus Shop zur Verfügung gestellt. Diese Gins und über 200 weitere besondere Gins erhalten Sie bei:

Weisshaus Shop
Online Shops:
www.weisshaus-shop.de
oder www.weisshaus.at

Bestellhotlines: +49 (0) 83628839593 oder +43 (0) 5677531559
Mo.–Do. 8:00–17:00 Uhr und Fr. 8:00–14:00 Uhr

Ladengeschäft:
Weisshaus 27 a • A-6600 Pinswang in Tirol

Wir danken Weisshaus ganz herzlich für die Unterstützung unseres Buchprojekts!

Die in diesem Buch vorgestellten Gins Wuestefeld (Nr. 55), Arctic Velvet (Nr. 64), Law Gin (Nr. 76), Aviation Gin (Nr. 90) und Ransom Old Tom (Nr. 95) wurden uns freundlicherweise von Ginobility zur Verfügung gestellt. Im Moment können Sie sich bei Ginobility aus ca. 164 Gins Ihren Favoriten auswählen:

Ginobility
Website, Online Shop und Blog:
www.ginobility.de
Telefon +49 (0) 36074729855

Wir danken Ginobility ganz herzlich für die Unterstützung unseres Buchprojekts!

Ebenfalls erhältlich ...

ISBN 978-3-95961-016-2

Der neue Weinguide fürs Essentielle! Guter deutscher Wein muss nicht teuer sein und Wein kaufen keine Kunst – mit dem neuen Weinführer.

ISBN 978-3-95961-108-4

Kennen Sie Craft Beer? Klar, aber welche lohnt es sich zu trinken? Das weiß Hopfenhelden-Bloggerin und Biersommelière Nina Anika Klotz.

CHRISTIAN

www.christian-verlag.de

Produktmanagement: Sonya Mayer
Redaktion, Umschlaggestaltung, Layout und Satz: textbildsinn, Lothar Reiserer
Korrektorat: Regina Wiesmaier
Repro: Repro Ludwig, Zell am See
Herstellung: Barbara Uhlig

Text: Petra Milde
Fotos: siehe Bildnachweis unten

Printed in Slovenia by Florjancic

Sind Sie mit diesem Titel zufrieden? Dann würden wir uns über Ihre Weiterempfehlung freuen.
Erzählen Sie es im Freundeskreis, berichten Sie Ihrem Buchhändler, oder bewerten Sie bei Onlinekauf.
Und wenn Sie Kritik, Korrekturen, Aktualisierungen haben, freuen wir uns über Ihre Nachricht an Christian Verlag, Postfach 40 02 09, D-80702 München
oder per E-Mail an lektorat@verlagshaus.de

Unser komplettes Programm finden Sie unter 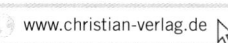 www.christian-verlag.de

Alle Angaben dieses Werkes wurden von der Autorin sorgfältig recherchiert und auf den aktuellen Stand gebracht sowie vom Verlag geprüft. Für die Richtigkeit der Angaben kann jedoch keine Haftung übernommen werden.

Umschlag: Alle Illustrationen des Umschlags stammen von Shutterstock. Das Autorenporträt auf der Innenklappe stammt von Friedemann Ohnmacht.
Alle Bilder des Innenteils stammen von den jeweiligen Gin-Herstellern, mit Ausnahme von: S. 6: courtesy of ableforths.com; S. 7: Shutterstock/Roxana Bashyrova; S. 10: Shutterstock/Martine DF; S. 13: Shutterstock/Helen Hotson; S. 19: Shutterstock/David Hughes; S. 20: Shutterstock/Maria Bocharova; S. 21: Shutterstock/Robcartorres; S. 27: Shutterstock/gueriero93; S. 28: Maciej Bledowski; S. 49 (beide): © RK Creative; S. 62: Shutterstock/Route66; S. 68: © Capulet & Montague LTD; S. 70, 71: © Überkinger GmbH; S. 84, 85: © MBG International Premium Brands GmbH; S. 96 (beide): © Daniel Soumikh; S. 107: © Stillmation.com; S. 113 (beide): © Stefan Zenzmaier; S. 143 (beide): © Law Gin; S. 160 (unten): Veera Kujala; S. 163: © Egill Gauti Thorkelsson; S. 171 (unten): © www.joshbrasted.com; S. 175: © jill norton photography; S. 179 (beide) und S. 180–181: © Michael Ingram; S. 187: Shutterstock/Jess Kraft; S. 189: Shutterstock/iPics

Die Deutsche Nationalbibliothek verzeichnet diese Publikation
in der Deutschen Nationalbibliografie; detaillierte bibliografische Daten
sind im Internet über http://dnb.d-nb.de abrufbar.

© 2018 Christian Verlag GmbH, München

ISBN 978-3-95961-106-0